U0164396

童年憶舊話澳門

劉全艷 著

青森文化

目錄

目錄

序：往事悠悠濠江八載情

一九五八年，當時三歲的我，隨着父母親從廣州抵達澳門。五、六十年代的澳門是一個樸素的小城：物資缺乏、生活艱苦貧困、鄰里守望相助、感情和睦。

三歲離開廣州定居澳門，十一歲離開澳門定居香港，我在澳門度過了八個年頭的快樂童年。倘若以人生比作逆旅，我往後的逆旅生涯，每一站都比澳門停留得更長。時光流逝歲月不居，可是這悠悠八載的童年生活點滴和記憶，超越半個世紀，無論我走到哪裡，它都如影隨形地一直追隨着我，歷久而彌新，未因時光的流逝而褪色。它縈繞在我心深處、浮游於我生活的喜樂當中，夜裡常來入夢。於是有一天，我決定用文字把它永久地固定在紙上，也讓半個多世紀以前圍繞在我身邊的人物得以重新活起來。

澳門由一個小漁村演變成今日的繁華昌盛，是從半個世紀以前的貧窮、艱苦，經歷了兩三代人的默默耕耘而成就出來的。而屬於那個年代的一個物資匱乏、生活儉樸、人情味濃厚的小城風韻，就只有透過童年的美好回憶，在記憶中一一重拾回來。

「只要不忘記，它就永遠活着。」不是嗎？

如果你與我生長在相同的年代，也曾經在澳門生活過，而這本書能喚起你相同的回憶，這是我的原意。

如果你並非生長在與我相同的年代，也不曾在澳門生活過，而這本書能令你得窺澳門五、六十年代的面貌，因而引起你追尋澳門文化歷史的興趣，這是我的願望。

如果因為這本書的出版，令我可以與失散了數十年的童年玩伴、師長和同學得以重聚，這是我此生的夢想。

劉全艷

澳門

一九五八－一九六七

謹以此書獻給那些從未在這個年代在澳門生活過，

以及曾經在這個年代踏實地在澳門生活過的人們。

父親離開廣州

　　這該是個清晨，我被母親用孭帶孭在背上，還在熟睡當中。矇矓中，只感覺到父親緊緊捏着我的小手。我哪裡知道，這天是父親離開廣州的一天。

　　我們那個年代沒有手推嬰兒車，一般婦女都把小孩用孭帶孭在背上。我記得母親整天就很長時間地孭着我幹活；天冷時，就為我在孭帶上蓋上一襲棉製的斗蓬。但被孭着的感覺並不好受，因為伏在母親背上，什麼也看不到，加上被孭帶綁住，動彈不得，好不容易，才等到她解開孭帶把我放下來鬆一鬆。

　　我記得母親孭了我一段頗長的時間，即使我學會走路了，為了方便帶着我，她還是把我孭在身上。

　　我相信父親離開廣州時是四十出頭，但自這天之後，直到老死，他都不曾再回到這個他土生土長的地方了。

別了廣州

我還在睡夢中，隱約聽到有人在問：「還有個小孩嗎？」

母親孭着我，轉一轉身，關員看了一眼，便說：「啊，睡着了。」之後，母親離開關卡，孭着我，踏上了開往澳門的輪船。

醒來時，我看到船上有很多人。有些人在開始用膳，他們從木桶中盛出一碗碗熱騰騰的白米飯。母親坐在船艙的床位上發呆，心事重重的樣子。我推推母親的手臂，向她示意我的肚子也餓了，可是母親沒有給我白米飯。她從包袱裡掏出一個用手帕裹着的光酥餅，掰開兩半，給了我一角，自己卻沒有吃。只見她滿面愁容，也不知她在想些什麼，好像還哭過。那時幼小的我，又怎麼知道，這天是母親離別廣州，帶着我到一個茫茫不可知的，叫做澳門的地方，與父親重聚的一天。她當時內心的千愁萬緒，是我長大以後，回想起來才懂得的。

午後，母親抱我上輪船的甲板上，倚着欄杆看海。只見大海茫茫一片，那是我第一次見到黃泥色的滔滔珠江水，在金黃的陽光下，隨着輪船的開動在滾滾奔流。

　　甲板上有個水手叔叔，和母親談了幾句之後，便開始逗我。母親告訴他，我在托兒所學了些歌兒、舞蹈，便把我放下來，叫我表演給水手叔叔看。我那時竟也不害羞，手舞足蹈地表演着唱歌和跳舞。

　　表演完後，水手叔叔笑呵呵地拍着手，還把我抱起來，露出黃黃的大門牙，對我說：「不如你留在這裡，天天唱歌給我們聽吧！」

　　我回頭看看母親，記得她曾對我說，我們要去找爸爸，竟就很認真地對水手叔叔說：「不行，不行，我要去找我爸爸！」

　　是的，我要去找爸爸啊！

輪船泊岸了

　　輪船泊岸了。

　　母親背上孭着我，肩上用擔挑挑起一前一後兩大包行李，踏上跳板，我們上岸了。那個年代，用擔挑來挑東西，是十分普遍的，而幫人家挑東西的，就叫做「挑夫」。

　　上岸後不久，便見到爸爸迎上來了。他身上穿着套淺藍色的西裝，白皮鞋，臉上露着笑容迎向我們。夫妻異地重逢，我想爸媽當時定有着無法言喻的喜悅。他們談了幾句，爸爸就問：「個女呢？」

　　母親把身轉過去，爸爸看到我了。好久沒見爸爸，我竟然害羞起來，低下頭來不敢看他。爸爸一邊微笑地望着我，一邊用手輕輕地拍着媽媽背上的我說：「好久沒見爸爸，生保了！」

　　我們離開碼頭，踏上了一片新的土地。

三 輪 車 上

爸爸接了我們，便僱了一輛三輪車離開碼頭。

人力三輪車，在五十年代初期，可說是澳門的主要交通工具。因為收費相宜，成為了當時普羅大眾用以代步最普遍的交通工具；按路程長短計費，幾毫錢一程，一個座位可以坐上兩個大人或多加一個小孩。顧客先與車伕議價，談妥價錢後，車伕便挪動車子，踏上腳踏，朝客人的目的地踩去。三輪車撐着綠色的頂蓬，就這樣載着客人走遍大街小巷。

三輪車停在碼頭附近的一間旅店前，這便是我們初抵澳門下榻的地方。

板 樟 堂 街

　　我的第一個家是位於板樟堂街「小小書店」旁的一棟四層高的樓房。我們在二樓租住了一個小房間，同住的還有三數個其他家庭。房東太太帶着她的養女，也同住在那兒，她的廳堂上有張很大的酸枝雲石大圓枱。

　　房東太太的養女大約十二、三歲，叫做阿芳，烏黑的頭髮綁着兩條粗辮子，常領着同屋的小孩在大圓桌上摺紙和畫公仔，我們都好喜歡她。她的養母可是挺兇的，除了要她洗衫、煮飯、擦地板，還常常對她呼喝打罵。

　　有一次，我們一班小孩不知哪裡領來了許多未吹的氣球，就嚷着要阿芳幫忙吹。她氣力很大，一口氣給我們吹了四、五個，但之後，就突然喊着肚子痛。房東太太連忙從房間裡跑出來，說是氣球有鏹水在裡面，罵她不該吹那麼多；之後一片混亂，我看着看着，就睏起來了，眼皮搭拉下來，竟不知不覺地倒在房東太太的沙發上睡着了。

　　又記得有一次爸媽出外沒把我帶上，我給留在一個房間裡，就和同住的那班小孩一起玩跳床。我們排着隊輪流一個一個地從床上跳下來。玩了好一會兒，跳得滿頭大汗，想是累極了，我竟就這麼沒頭沒腦地一跳，頭直向床前的那個夾萬撞上去，頓時頭破血流。這時剛好爸媽回來了，忙亂了一陣為我止血，之後把我抱上床，也不曾責罵我。

　　我長大後，額角上有道小小的疤痕，可說是這次小意外留下的一個小小紀念品。

議事亭前地

在板樟堂的家安頓下來後，有三處地方是媽媽常去的：一是街市，二是郵局，三是銀行。

媽媽帶着我，由板樟堂街走向議事亭前地，在新馬路旁邊有座郵政總局大樓，媽媽就在這裡寄信回廣州。那時議事亭前地有座葡萄牙軍官美士基打[1] 的銅像，面向市政廳，可說是議事亭前地的地標。

媽媽寄完信，由郵政局轉入新馬路，行至靠近南灣街的那間南通銀行去開戶和存款。那天南通銀行人很多，排了好久輪到我們了，櫃枱職員很詳細地向媽媽解釋了什麼是定期存款和活期存款。

過了沒多久，媽媽在舅母的介紹下，到了郵政局對面的一間工場做「揀鵝毛」的女工，每天帶着我返工時，議事亭前地便是我們的必經之路了。

1　美士基打（1818-1880）：澳門土生葡人軍官。澳葡政府於 1940 年豎立其銅像於議事亭前地。該銅像於 1966 年「一二·三事件」中被示威群眾拉倒。

那鵝毛工場在新馬路靠近南灣街的一條橫街內，建築物下面是工場，上面是住宅。工場內差不多全是女工，有好幾張大桌子，上面放了一大堆、一大堆的鵝毛，旁邊有許多盒子。女工們的工作是挑選鵝毛，把相類似的鵝毛放進同一個盒子裡。

因為工場上面是住宅，媽媽工作時，我便躲在旁邊的樓梯，和一個住在樓上的小女孩玩耍。記得那天，她拿了顆糖果塞進我的手裡，我頓時記起爸媽曾經說過的：「不要吃陌生人給的糖果。」正一面猶豫着，一面卻忍不住慢慢地打開包着糖果的紙；撕開糖果紙後，才發現那不是糖果，而是一方小木塊。當我正在感到不解時，媽媽出來把我帶回工場，原來是午飯時間到了。

女工們午飯帶的是一個三、四層的鍚飯壺，最上面的一層盛飯，下面兩層盛魚、肉或者蔬菜什麼的。舅母坐在媽媽旁邊，兩人歡快地邊談邊吃着，其他女工也在邊吃邊談笑。

放工時，途經新馬路上的市政廳。市政廳門前停着輛流動雪糕車，與我們同行的兩位工友姐姐，就給我買了杯雪糕。她們還教我，在市政廳門前向裡面大聲地「呀」的喊一聲，馬上就會聽到回音。我試着做了，真的聽到回音，覺得好玩極了。

　　從那以後，我每次經過市政廳門前，都會向裡面大聲地「呀」的喊一聲，然後就聽着它那有趣的回音。

南灣海濱

夏天天氣熱，晚飯後，父親喜歡帶我到南灣去散步和乘涼。

那天，父親牽着我的小手，由板樟堂街沿着議事亭前地走向新馬路，再由新馬路轉入南灣。

新馬路上燈火通明，但轉入南灣後，走到堤岸邊，就漆黑得很。堤岸邊也有些路燈，但並不太明亮。父親抱我坐上海邊的石堤，我看着那黑漆漆的海水，樂孜孜地把玩着父親在路上買給我的那把紙扇。海邊有幾棵大榕樹，我們坐了好一會兒，享受着清爽的涼風，看淡月疏星。只是夜涼如水，父親怕我着涼，便牽着我從南灣沿着水坑尾街慢慢走回板樟堂街去。

沿途經過哪吒廟斜巷，父親就順道走到斜巷巷口那家皮鞋工場，去找他那位從廣州來的朋友。那位叔叔一面做鞋，一面和父親閒聊。他們聊些什麼，我可聽不懂，只見父親也一邊談着，一邊動手幫忙把皮料削成一片片鞋墊。回家的路上，我好奇地問父親怎麼也會做鞋，父親笑着，敲了下我的腦袋瓜說：

「看一下不就會了嗎？」

童年憶舊話澳門

斜巷路口有間「超記雪糕」，父親給我買了杯雪糕，我邊走邊吃着，還沒等到回家，雪糕已經吃完了，頓時一身涼快起來！

草堆街和草堆橫街

由於板樟堂街那棟樓房的租金比較貴,我們住了一段短時間便搬家了,搬到草堆橫街。

草堆橫街前是草堆街,草堆街上有很多布店,還有金舖、傢俬舖、麵店、喜帳店、壽衣店、故衣店和服裝店等,是一條頗熱鬧的街道。記得街道上最小的一個舖位,是上蓋只有三坑瓦片的「三坑瓦涼茶」,店面淺窄,店內僅容得下店主一人。

從草堆街轉入草堆橫街就不同了,草堆橫街是一條狹窄的小巷,我們住在三號 A 二樓。我們搬進去時,屋子裡已經住上了幾伙人:姓黎的一家五口住廳堂;一個叫阿敏的單身青年住頭房;中間房住的是一對母子,兒子阿培後來和我一起上幼稚園;我們一家三口就租住尾房。

我們樓下是祥發印務,一間家庭式的印刷工場。那時澳門爆竹業興盛,我們對面就有一家人,總動員投入「搓炮」[1]的家庭手工業。他們家有一台搓炮殼機,那個做母親的,從早到晚在機器旁不停地搓着炮,總沒見她有閒下來的時候。此外,我

---

1 搓炮:就是利用搓炮殼機,搓捲炮竹的外殼使成筒狀的炮身。

們旁邊還有間糊紙盒的小工場，也是家庭式手工業，由一對夫婦合力經營。他們用自己煮出來的漿糊，把一張張已經裁好了的紙板折疊一下，在邊上掃上漿糊，便糊出一個個方盒子來。我們街尾還有個收買佬用來放爛銅爛鐵和堆雜物的貨倉，破舊東西一大堆，全用鐵絲網圍住。

　　草堆橫街這條小巷子帶給我最難忘的回憶，是那深巷裡經常響起的叫賣聲。扛着一紮長長竹竿的小販，一邊走着一邊喊着「衣裳竹」的嘹亮叫賣聲；「劏刀磨鉸剪」的鏗鏘叫喊聲和那別具韻味的「收買爛銅爛鐵」呼喊聲……一一劃破了長巷的寂靜。遇到有賣乾貨的，我們就用繩子把一個小竹籃吊到地下，叫賣的小販就把東西放進小竹籃裡。我們把貨品吊上來後，便把該付的錢放進小竹籃裡吊下去給小販。

　　每天，媽媽會把吃剩的飯菜留下來，交給一個上門來收的婦人。媽媽說這些剩下的飯菜叫「餿水」，由於是用來餵豬的，所以又叫做「豬餿」。

　　我也忘不了深宵半夜，有個婦人在門外輕輕地敲着門，低聲地喊着：「倒夜香[2]啦……」

　　婦人接過了媽媽手上的木桶，把木桶裡的夜香倒進她手推車的盛器中，便在那黑漆漆的小巷裡，慢慢地把車子向巷口推進……

2　倒夜香：唐樓沒有水廁，每夜臨睡前用馬桶把糞便裝好放置門外，由夜香娘把桶內穢物運走。

營 地 大 街 和 街 市

從我家走到營地街市，得要先經過草堆街和營地大街。

營地大街是一條極為熱鬧的商業街道，兩旁商舖林立。那時的店舖有遠來茶樓、金馬輪餅家、富安瓷號、皇上皇雪糕、哥林麵飽、巧華洗染、景然棧燒臘店、繁華綢緞莊、謝利源金舖、世界書局、勝利鮮果、德興隆米舖和萬昌參茸藥行等。

那天，媽媽第一次到營地街市買菜，未到街市前，先到富安瓷器店買了些杯盤碗碟，又到德興隆買米，兩手拿得滿滿的，沒有手牽住我了，我只好緊緊地捏着她的衣角，跟着她兩邊跑，之後才到了營地街市。

那時的營地街市是一座兩層高的灰色樓宇，上層是鮮魚檔，下層是蔬果欄。其中有一檔賣豆腐芽菜的，檔主是個肥胖的女人，她的脾氣挺壞，老是繃着臉，兇巴巴地在罵人。直到今天，我仍然清楚地記得她的模樣兒，為什麼呢？

因為有一天，媽媽給我錢，叫我到營地街市買塊豆腐回來。我到了那胖女人的豆腐檔，見到她拿着個碗兒正在吃飯。我向她說要買豆腐，也隨即把錢全都給了她。那女人收了我的錢，

一面望着我，一面慢條斯理地撕下一角報紙，用筷子把碗邊那
堆魚骨逐一夾起來，放在報紙上。她把魚骨包起來，再用鹹水
草把它紮得緊緊的，然後慢慢地遞過來給我。我仰頭望望她，
見到她在暗笑⋯⋯

　　我不明白她為什麼要這樣做，也不敢問。我拿過那包東西，
便跑回家交給媽媽。媽媽打開一看，怎麼裡面全是魚骨？我還
以為媽媽會馬上跑去和那賣豆腐的女人理論，可是，我見到媽
媽只是搖搖頭，嘆了一口氣，便沒説什麼了。媽媽永遠是那般
仁慈。

　　可是營地大街也帶給我一個快樂的回憶，那就是我讀小學
三年級時，在班上考獲第三名，媽媽帶我到皇上皇，請我吃了
一個四色雪糕作為獎勵，真是其味無窮呢！

八角亭與聖羅撒女子中學

　　有天清早起來，媽媽帶着我去返工。我們走了一段路，來
到一個紅色的八角形亭子前，媽媽就指着亭子對我說：「看啊！
這個就叫做八角亭 [1] 了！」之後我們繼續往前走，媽媽返工的地
方，原來就是八角亭後面的那座學校，名字叫「聖羅撒女子中
學」，媽媽就在那裡的繡花房做繡花女工。

　　聖羅撒女子中學是一間天主教學校，繡花房裡有四五排長
長的繡花枱，女工們就在繡花枱上，拿着針線，依着預先畫好的
圖案刺繡。我的媽媽坐在最後一排，我站在媽媽面前靜靜地看着
她刺繡。只見她低着頭，用紅紅綠綠的繡線，一針一針地繡着，
繡出了一朵朵比真花還嬌豔的花朵來，我覺得媽媽真了不起。
我看累了，就在她邊上拿張小板櫈當作木馬，來來回回地騎着。
沒多久，一位身穿白袍的修女走進來，她微笑着摸摸我的頭，
稱讚了我幾句，便拿本聖經故事的漫畫書來給我看。我其實沒
看懂那些故事，但卻坐在那裡一動也不敢動。那天對於一個小
孩子來說，可是漫長的一天。

1　八角亭：即八角亭圖書館，是澳門中華總商會附設的閱書報室，名字乃因其
　　八角形的亭形建築而來，是澳門最早開放的公共圖書館。

　　日後我長大了一點，媽媽就帶我到高尾街買了兩個繡花箍和一些五彩的繡花線回來，開始教我繡花。我們母女倆閒來就在家中小房間繡起花來，媽媽拿個大繡花箍繡大的，我拿個小繡花箍繡小的。媽媽教我繡朵海棠花，她說繡花朵着針時要從花心向外繡，顏色裡深外淺。可是由於我年紀小，手還未定，一抽絲線，就會打結，繡出來的，盡是些歪歪斜斜的針步。媽媽自己的繡花手帕繡出來了，三朵五彩絲線繡出來的牡丹花，一朵紫紅，一朵水綠，一朵淡黃，竟是如此的漂亮。我的那條呢？經過媽媽的巧手，左拼右補地，一朵粉紅色小小的海棠花，總算也繡出來了！

清平直街

這天我沒跟媽媽去返工，爸爸在家帶我。

中午過後，爸爸牽着我由爐石塘走到清平直街。在差不多到達清平戲院時，他把我帶到一個朋友的公仔書檔[1]去，把我交給他，說過一會兒便回來接我。

公仔書檔內，書架上滿放着各種公仔書，好多小孩跑進來租書。他們付過了租書錢後，便在書架上選取自己喜歡看的公仔書，然後坐在小板櫈上，忘情地閱讀。我沒有錢租書，所以不敢翻動書架上的書，只是跟那些小孩坐在小板櫈上，偷看人家的書。坐在我左邊的小男孩說他那本書叫做《神筆》，神筆畫什麼，便有什麼跑出來。右邊又有個小男孩，聚精會神地在看着另一本書，說那是《財叔》。這是我第一次接觸到連環圖。

過了大半天，爸爸回來帶我回家了。他牽着我的小手，往新馬路方向走去。走至街口時，看到有架賣餅的流動小販車停在那兒，爸爸便說買個杏仁餅給我吃。我那時也着實餓極了，

---

1 公仔書檔：公仔書，連環圖的俗稱。這些公仔書租借攤檔流行於五十年代，多設於橫街窄巷內，以出租連環圖為主，檔內擺放長櫈，方便孩子租看。

當然高興得很。爸爸伸出右手摸摸他右邊的褲袋，找不到錢；
左手再摸摸他左邊的褲袋，也沒找到錢，只好帶着我珊珊然繼
續往前走了。沒有吃到好想吃的杏仁餅，雖然有點兒失望，但
我卻沒有吵着。

　　清平直街後來是我們常去的地方。那條街有很多賣杏仁餅、
花生糖、雞蛋卷等手信的店舖，還有一家澳門最古老、歷史最
悠久的戲院——清平戲院。每天晚上，還未到放映時間，清平
直街已擠滿着來等候入場的戲院觀眾，令這條本來已經很繁忙
的街道，增添了更多熱鬧。

理 髮 記

　　住在頭房的阿敏，是個從香港過來的十七、八歲青年，他因為與父親吵架了，便到澳門來，租住了這個小房間。他每天拿着個照相機往外跑，到大街小巷拍照去。有一天，他跟媽媽説要給我照張相。他拿起相機，叫我對着鏡頭微笑，還教我擺姿勢，然後就卡嚓一聲，為我照下了我在影樓以外的第一張肖像相了。

　　住在中間房的是一對母子，兒子阿培與我年紀相若，後來和我一起上同一所幼稚園。有天我到阿培的房間玩耍，見到他們沒有床，丁方尺的一個小房間裡，地上放着一張草蓆。我躺在草蓆上，摸到蓆下有個硬幣，便好奇地拿出來看，阿培看到就顯得十分緊張，要我馬上把硬幣放回去。阿培説他媽媽告訴他，把一個硬幣藏在蓆底，就會生出好多個硬幣出來，但如果把它拿出來就不靈了。

　　我和阿培一起上幼稚園時，因為回家後不懂得向媽媽複述當天老師交代的事情，媽媽就請阿培每天放學回來後，把老師宣佈過的事情，一一告訴她。阿培每天向我媽媽報告學校發生的事情，還盯着我的功課，看到我有那些功課寫得不好，就趕忙去告訴媽媽，令我很煩惱。

　　住在廳堂姓黎的那家人，我最喜歡和那個叫做阿坤的兒子玩。那時大家都沒有玩具，玩的是扮演成人的角色和工作。有一次我扮理髮師，阿坤扮客人來理髮。我請阿坤在鏡子前坐下來，跟着就拿起剪刀。本來約定是我假裝為他剪髮的，我手裡的剪刀卡嚓卡嚓地響，覺得很過癮，見到他一頭濃密烏黑的頭髮，竟然禁不住就真的一剪剪了下去，在他的頭頂上剪出一個洞來。阿坤見到頭髮真的被剪了，嘩的一聲就大哭起來。剛好他爸爸回來了，便馬上去告狀。那時媽媽正在廚房裡燒飯，他爸爸一股腦兒直奔進廚房，媽媽連忙跟着他跑了出來。我自知闖了禍，心裡也慌得很，只知道呆呆地站着。

　　事情最終是怎樣了結的，我記不起了。我只記得媽媽把我帶回房間去，也並沒有怎樣責罰我……

破 柴 和 擔 水

「妹仔呀，快來破柴啦！」妹仔的祖母在喊她。

妹仔是住在廳堂上姓黎一家的二女兒，梳兩條長辮子，十一、二歲左右，破柴是她經常要分擔的家庭工作一部份。從柴店擔回來一截截的大粗木以後，她要用柴刀把粗木劈開，再破成長條，以便放進爐子裡生火，這是那個年代燒飯用的較便宜的燃料。

我見到妹仔拿着柴刀用力在破柴時，心想媽媽不知道是否也會喊我來破柴。我可沒有妹仔這般力氣，不期然就擔心起來。幸好，媽媽原來不是燒柴，而是燒炭的。燒炭要比燒柴貴一些。

我們樓下祥發印務使用的生火燃料，比柴更經濟。他們把印刷機裡的廢紙，用來生火燒飯。大女兒阿女坐在火爐旁邊，將一張張的廢紙，不停地送進火爐裡，直到一鍋飯燒好為止。由於廢紙上盡是些印刷的油墨，所以燃起來黑煙滿天。這些黑煙從地下廚房的天井，直衝上我們二樓的天井，薰得我們眼淚都流出來，難受極了。我叫媽媽去跟他們說說，但一向只會忍讓、不喜生事的媽媽，卻寧願默默地承受。

　　我們那個年代不是每戶人家都有自來水的，沒有自來水的人家，就得去街喉擔水回家用。街喉，就是街上公用的水龍頭。

　　記得小時候，關前正街和關前後街之間的酒潭巷，就有一個街喉，鄰近的居民常到這裡洗衫和擔水回家的。擔水的人須自備一根扁擔、兩束麻繩和兩隻水桶到街喉排隊打水。這些水桶，早期是些圓形的小木桶，後來多用方形的火水罐或食油罐改造。夏天天氣酷熱，耗水量較多的時候，那排列輪候的桶桶罐罐也多些。

　　這些街喉的供水時間是早上八、九點到傍晚五、六點，一些店舖或未能在這段時間來取用自來水的，或環境富裕些的家庭，都會請別人代為擔水。擔水服務是窮人幫補家計的方法之一。那時送一擔水的酬勞是一毫子左右。雖然看來便宜，但對貧窮的家庭而言，一天能夠送水到六、七戶人家，賺取到一元幾毫，這微薄的收入，也是幫補家計的一個途徑。

　　從事擔水的多是婦女。其中年輕的就被稱為「擔水妹」，較為年長的就被稱為「擔水婆」。

俄羅斯

　　我們住二樓幾家人的孩子，除了湊在一起玩耍外，有時還會不約而同地走在一起。每天有哪家人開飯了，聞到別人的飯香，一群孩子便會聚集在那家人的房門外，站在那兒眼定定的，看着別人拿着碗白米飯，把餸菜一口一口地往嘴裡送。孩子們站着看，面上露着羨慕和渴求的表情，嘴巴也模仿着別人在咀嚼，彷彿自己也嚐到了那些菜餚的美味似的。媽媽教我不要去看別人吃飯，所以如果別人開飯了，我還在外面，她便會趕快把我帶回房間去。

　　住在廳堂的那一家五口姓黎，父親是個三輪車伕。他酗酒，經常拿着個酒瓶來借醉發洩，滿腔憤慨地罵東罵西。他的妻子受不了他，隻身走到香港，在青山道一家茶樓做洗碗女工，一個月回澳一次，把錢帶回來交給她的奶奶做家用，以及看望三個孩子。

　　姓黎的因為腿有點兒瘸，所以大家背地裡都喊他「跛黎」。他母親偌大的年紀，替他照顧三個孩子，還經常被兒子呼喝責罵，我曾看到她老人家一個人躲在廚房裡悄悄地淌眼淚。

跛黎最疼愛的是他的小兒子，對於大女兒阿扁則經常打罵。有一次，他正要拿起一根柴棍來打阿扁，阿培的媽媽看不過眼，上前苦勸着和阻止他動手，結果他還是舉起柴棍狠狠地打下去，跟着傳來的是一陣慘痛的哭聲……

這些孩子跟着他們的父親一起生活是悲哀的，幸好他們悲哀的命運，隨着母親歸來的那一天而結束。有一天，他們的母親偷偷地從香港回來，趁着跛黎不在家的時候，把三個孩子和他們的祖母一起帶走。臨走時，她把在香港青山道工作那家茶樓的地址給了我媽媽。

我的玩伴全都搬走了，只記得他們最開心的玩意，就是追趕在「俄羅斯」的背後捉弄他。俄羅斯是我們這一棟三層高唐樓的房東，因為他是俄羅斯人，於是大家就喊他做「俄羅斯」。他每個月都親自來到我們這裡，從地下到二樓，二樓到三樓的，逐層逐戶去收租。他是個七十多歲的老人，一頭捲曲的白髮，佝僂的身子，說着帶有洋腔的廣東話。姓黎的三個孩子，一見到俄羅斯到來，便雀躍不已，呼前擁後地跟着他上樓下樓，不停地在捉弄他。到俄羅斯離開時，三個孩子就追趕在他身後，嘻嘻哈哈地邊追着邊笑着，一直追隨他到巷口，樂不可孜。

俄羅斯在姓黎那一家人搬走後不久，就沒有再來收租了。聽說他病了，後來是誰來代他收租的，我也記不起了。只是他在草堆橫街的這一棟樓房，超越了半個世紀，已經人去樓空，雖然荒棄了好多年，但直到今天，它還寂寞地孤立在那兒。

黃 狗 和 百 福 被

雖說住頭房姓黎的是一家五口，但嚴格來說，他們是一家六口才對，因為他們還有一隻黃狗，叫做旺財。旺財是一隻矮腳的黃毛唐狗，整天搖着尾巴，跟着家裡那三個孩子跑來跑去，汪汪的吠着，吃的是主人丟給牠的骨頭和剩飯。

三個孩子的祖母偌大的年紀，雖然佝僂着身子，走起路來卻非常穩健，手腳還相當靈活。黎婆婆整天廚房廳堂兩邊走，忙過不停。為了怕老鼠偷吃，她把食物用籃子吊在天花板上。在廚房門外的樓梯底下，她還放了張裁床，坐在那裡做針黹。黎婆婆有一籃子不同顏色、花樣各異的碎布。在澳門過的第一個農曆新年，媽媽就給了她些工錢，連工包料替我縫製一條「百福被」。

黎婆婆一雙靈巧的手，別具匠心地把碎布一塊一塊拼湊起來，拼成一條被面，然後一刀一剪，一針一線地，把它拼縫起來，裡面再塞進些棉花，將它縫合起來。一床七彩繽紛的拼花小棉被，就這樣縫製出來了，亮麗得很。媽媽把它蓋在我身上，又暖和又貼心。這床百福被，黎婆婆一針針、一線線縫進去的，是她對我的愛心與祝福。每天晚上，我蓋着被子，感到渾身溫暖，然後懷着感恩的心，酣然入夢。

童年　憶舊　話澳門

　　黎婆婆和三個孩子溜走的那天，跛黎晚上回到家，見人去
樓空，便落寞無奈地獨個兒坐在廳堂上。不久，他變賣掉所有
的傢具，只剩下一張破藤椅。搬走的那天，他悵然獨自坐在空
蕩蕩的廳堂裡那張破藤椅上，發呆了好半天。當他垂頭喪氣，
一步一步蹣跚地拖着沉重的腳步離開時，並沒有把旺財帶走。
從此，我們就成了黃狗旺財的新主人了。

　　姓黎的那一家人搬走了之後，樓梯底的裁床也被撤走了。
爸爸用木條釘成一個籠子，用來養雞鴨。每天清晨便聽到公雞
喔喔啼，鴨子拍着雙翼在籠子裡呷呷叫，成了雞鴨同籠大合奏，
加上旺財的汪汪吠，我們家可是熱鬧多了！

領 牌

在草堆橫街的第二個家安頓下來後，爸爸的謀生計劃，是找些小生意來做。

爸媽曾帶着我，在農曆新年前，到十月初五街擺地攤賣紅瓜子。之後媽媽去打工，爸爸就帶着我在爐石塘路邊賣生果。

爸爸挑着兩個載滿生果的籮筐，在爐石塘路邊擺賣。那時來買生果的，可以要求即時把生果削皮，然後馬上就吃。爸爸削生果皮的技術可真了得，他可以把生果放在頭頂上，拿着兩把生果刀，一面轉動着生果，一面用雙刀削皮。瞬間，一個削了皮白白亮亮的雪梨就在眼前了。爸爸這精彩的削皮工夫，引來了不少途人的圍觀，沒多久，兩籮筐的生果就賣完了。

不久，爸爸認識了住在小新巷的江伯伯。江伯伯介紹爐石塘上祺記酒庄的老闆祺叔給爸爸認識。祺叔的酒舖在下午五時便收舖，他願意在收舖後，讓爸爸在他門前擺一個熟食大排檔。祺叔還讓爸爸在他酒舖的簷前加一個可以活動的帳篷，下雨的時候一拉，這個帳篷就可以用來遮風擋雨了。

做小生意的計劃落實了之後，就要按照澳門市政廳的條例，

童年 憶舊 話澳門

去領個固定攤檔的小販營業牌照。爸爸訂造了一輛四輪車仔，外面包上鋁質金屬，車上擺放了些乾淨的毛巾，就在一天的清晨，爸媽帶着我一起推着車仔，由草堆街經賣草地街，一直推上大堂巷，到了一間大教堂的前地停下來。那位於大堂前地的主教座堂，就是準備領牌攤販們的集合地點。只見很多來領牌的攤販，已經帶着他們的家當，依照指示，在教堂前一字兒排開，等待着那些穿白色制服的市政官員，依次序進行檢視。

不久有個官員來到我們的車仔面前，那是個會講廣東話的土生葡人。他倒沒有怎樣仔細地檢視我們的車仔，卻面帶笑容地走過來問我幾歲了，上學了沒有，然後對我微微地笑了一笑，就批准了我們的牌照。之後我們就推着車仔，沿主教巷經原路回去了。

領到牌後，爸媽就在每天下午五時後，在爐石塘上開檔了。

我 們 開 檔 了

領到牌後，爸媽就每天下午五時後，在爐石塘上開檔了。檔口的招牌，就是我爸爸的名字「劉桂康」三個字。檔口就在我們家附近，從草堆橫街一出路口，馬上便到達爐石塘了。

爐石塘是一條頗熱鬧的街道，我們的檔口就擺在十八間與小新巷之間的祺記酒庄門前。酒舖老闆祺叔五時左右便與他的大兒子收舖，雖然他們的酒舖是一幢三層的獨立建築，但他們並不住在酒舖樓上。收了舖之後，祺叔便拿着個鳥籠，輕鬆地一邊吹着口哨，一邊離開酒舖，返回他在雀仔園[1]的住所了。

爸爸在小新巷租了個小房間，用來放置開檔用的車仔和枱櫈等用具和雜物。我們的檔口共有六張小圓枱，連同四輪車仔前的那一條長櫈，位子總共有三十來個。那時候，靠近草堆街的那一端，已經有一檔賣相同熟食的檔口，叫做「劉發記」，他們一家幾口也是在每天五時左右便忙着開檔。劉發記所收的價錢比我們的廉宜，所以吸引了很多三輪車伕光顧。爸爸的檔口，逢年過節如中秋端午，都會休息一天，可是劉發記卻是全年無休。

---

1 雀仔園：今水坑尾街、崗陵街與東望洋新街之間，是一個依着山坡的街區。開闢之前原是一個樹林，葡人打獵常捕獲雀鳥，故有「雀仔園」之稱。

童年 憶舊 話澳門

　　自從爸媽出了去開檔之後，我每晚便要獨個兒留在家中黑漆漆的小房間裡，和花貓鍾無艷[2]作伴，守着窗兒，在淒淡的月光裡，寂寞地掉着眼淚。鍾無艷是我們從廣州帶出來的花貓，皆因牠半臉黑、半臉白，所以就被取名作「鍾無艷」。每天晚上，鍾無艷都依偎在我的身邊伴着我入睡。我輕撫着牠，孤零零地一個人，心裡還是十分害怕。

　　有一次我害怕到哭起來了，跑到樓梯口，坐在那裡等媽媽回來。好不容易等到媽媽回來了，但看到她正準備上樓梯時，我竟然馬上飛奔回房間，拭乾了眼淚，躺在床上假裝已經睡着了。媽媽看過我，替我蓋好被子之後，便又再出去了。待媽媽走後，我起來坐在床沿，便又抱着鍾無艷哭起來了。

　　這樣的日子大概過了三、四個星期，直到有一晚鄰舍發生火災，才有所改變。

2　鍾無艷：戰國時齊國人，向齊宣王自薦成為王后。貌醜，傳說她的臉半臉黑半臉白。

爐石塘上的玩伴

一天夜裡獨個兒在家裡的小房間睡得正甜，媽媽從外面急急忙忙地跑回來，一手把我抱起來拔腳便跑，原來是鄰舍失火了，媽媽抱着我逃命啊！自此之後，爸爸擔心會再次發生火警，便決定不再讓我獨個兒留在家中，就帶同我跟着他們一起去開檔了。

我看見爸爸把幾塊木板連成一排然後釘起來，便好奇地問他在做什麼，爸爸說這是給我造的一張小床。從此，每天晚上，這張小床便放在祺記酒庄門前的台階上，成為我的睡床了。天氣冷的時候，爸媽就為我在床邊放上一塊木板擋風，再加上我腳後不遠處有個正在生火煮飯的火爐，暖烘烘的，雖然是天寒地凍的冬天，也就不太冷了。

那時我跟着爸媽開檔，在爐石塘上結交了不少朋友。例如在酒舖隔鄰的泡水館[1]，那家人就有四個孩子：大女兒奀豬、二兒子阿牛、三兒子阿聯和四女兒喊包，都是我的朋友。他們家下舖上居，樓下經營泡水館，賣的是熱開水。店內有一個大爐灶，爐灶上有個燒熱水的大銅鍋，整天燒着水，日夜為街坊供應熱

---

1 泡水館：出售熱開水的小店。

水，來打熱水的，要自備暖水壺。這間小店是由那四個孩子的母親和他們的爺爺合力經營的，孩子的爸爸則在清平直街的一家旅館工作，常於深夜才下班回來。

我與那四個小孩常在爐石塘上追逐奔跑和嬉戲，還在泡水館的櫃台後面蹦跳玩耍，開心極了。可是他們在晚上八時左右，便被他們的母親趕上樓睡覺去了。我在十八間和小新巷同時也認識了不少朋友，如果找不到小朋友跟我玩，我就會拿着媽媽那條綁飯鍋的麻繩，跑到檔口對面的空地上跳繩去了。

有一次有位常來光顧的客人伯伯，很喜歡我，他說自己常常澳門香港兩邊走。他告訴我香港那邊新開了一間「大丸百貨公司」，全賣日本貨，他說下次過香港時，會到大丸百貨公司給我買些日本小玩意回來。我那時雖不懂什麼叫做「日本」，卻日夜期待着他帶回來的小玩意。盼着盼着，終於有一天晚上，盼到伯伯回來了。他微笑地摸摸我的頭，從口袋裡掏出兩個小玩意出來，那是一對日本公仔墨水筆。一個大頭日本娃娃，插在短短的筆筒中，小巧精緻，可愛極了！那是我小時候收到的第一份也是最好的一份禮物，至今還記得。

　　我想我是每天晚上九時左右，被媽媽趕上我那舖小床上睡
覺去的。爸媽的檔口擺到深夜十二點才收檔，矇矓中，我被媽
媽抱起來孭在背上。寒冷的夜風吹着我們，幹完了一天的活，
媽媽孭着我，在漆黑中，踩着爐石塘上的碎石子路，與爸爸一
起推着車仔，就這樣一步一步地，往我們草堆橫街的家走去……

明 生 紙 號

　　爐石塘上有許多各式各類的店舖，「明生紙號」是爸爸經常帶我去的。

　　爸爸的大排檔做外賣生意時，需要先用一張白色的雞皮紙，把食物包好，然後用一個棕色的雞皮紙袋把它袋好，交給客人。如果客人買的是飯菜，就要在雞皮紙上掃上一層雞油，然後才把飯放上紙上，所以，爸爸需要大量的雞皮紙。

　　爸爸每天早上帶我到茶樓飲完茶後，就會到爐石塘上的明生紙號買雞皮紙。爸爸買的，是一疊很大張的白色雞皮紙，回到家裡還要把它裁成小張的。有天，明生的老闆把雞皮紙捲好交給爸爸之後，便開始和爸爸閒聊。我就趁此機會，在明生旁邊的樓梯上，上下來回的跑着玩。

　　樓梯旁邊的牆上貼滿印有文字的紙樣，我那時並未入學，按道理應該是未會認字的，但是，我竟然可以讀懂其中一張紙樣上的文字[1]。我清清楚楚地記得，那張貼在牆上方方正正的紙

1　作者的記憶從一歲前開始，記得在襁褓中和在搖籃裡所見過的人，甚至他們所講過的說話。見另文《兒時在廣州》，寫三歲前的回憶。

樣上面，寫着「嚴米貴先生千古」七個字，然後下面是記錄奠
儀的一列清單。那時的我，只有四、五歲，居然還懂得「千古」
即是「死亡」的意思。待爸爸過來示意要我走時，我竟呆呆地望
着爸爸，心想爸爸也會有一天「千古」，竟然悲從中來，心一酸，
直想哭，低頭含着眼淚，讓爸爸牽着我的手一起回家。

　　在紙舖內，我有時也會趁着爸爸買雞皮紙時，凝視着玻璃
櫃中的拍紙簿、鉛筆之類的文具，要爸爸買給我。回到家裡，
拿着那枝鉛筆，還不會寫字的我，就在拍紙簿上亂塗鴉，然後
沾沾自喜地拿給爸爸看，爸爸看後總是笑着。

　　明生紙號在臨近中秋節時，門前就掛上各式各款的花燈：
有紙糊篾紮而成的兔仔燈、楊桃燈、鯉魚燈等各式造型的燈籠。
爸爸曾經買過一個蝴蝶燈籠給我，一隻用彩色玻璃紙紮成，色
彩鮮豔的蝴蝶，繫在竹枝上。中秋節過後，那隻蝴蝶就一直懸
在天花板上，我每天望着它，又在等待下一個中秋節的到來。

白鴿票舖

　　爐石塘上的店舖，我印象最深刻的，是在泡水館旁邊，靠近小新巷的兩利白鴿票舖。

　　那個年代，澳門很流行買「白鴿票」[1]，它是一種古老的中式彩票，將《千字文》首八十個字印在彩票上，讓民眾在彩票上選字，利用白鴿開彩。投注者在票上選二十個字為一票。

　　因為爸爸的檔口就擺在距離白鴿票舖兩三間舖位的祺記酒庄前，所以我就常常跑進白鴿票舖內，去看人家買彩票。

　　白鴿票舖內的左邊是高高的櫃枱，上面坐着兩三個掌櫃；右邊是一張靠牆的長枱，上面放着很多備用的白鴿票彩票。買白鴿票的人，一是在家裡用煙頭或線香燒穿在彩票上要選的字，然後拿彩票到白鴿票舖下注；一是在白鴿票舖內，用舖內提供的彩票，圈上自己選的字，然後交給掌櫃下注。掌櫃按照交來的圈字，用毛筆點上朱砂，確實無誤地，照樣點在他的一張白鴿票聯根上，之後蓋上一個紅色的大方印，這便是收據，投注者

1　白鴿票：（讀音：白鴿標）清末在中國民間開始流行的一種博彩，於二十世紀初已在澳門開設。彩票公司將《千字文》印在彩票上，讓民眾在彩票上選字。

日後憑這收據作為對獎和領彩金的憑證。白鴿票舖中央的牆上，還高高地掛上每期開出的字碼。

　　每天進來買白鴿票的人相當多，在那個生活艱難的年代，一般普羅大眾，也許都本着以小博大的心態，期望着以小小的賭注，去買一個可以成為大富翁的美夢吧！

爐石塘和德銘茶餐廳

爐石塘，它是那麼一條充滿着生活氣息的街道。

它曾張結着彩旗，縱橫交錯地在人們的頭頂上，慶祝葡國國慶；它是農曆新年舞龍舞獅、打鑼打鼓、採青路過的街道；它也是盂蘭節飄色巡遊經過的地段；它更是孝子賢孫路祭的行經之地，凡是送殯儀仗隊經過的地方，都會撒下滿地的溪錢。中秋節的晚上，住在爐石塘的小孩們，提着各式的燈籠，亮晃晃的喧鬧着穿來穿去。沒錢買燈籠的，就在空心的沙田柚中插上一枝蠟燭來作燈籠，一大群孩子，就在這條街上歡樂地慶祝中秋。

爐石塘兩旁的小商店林林總總。從草堆街走過去，右邊街角經常見到有些三輪車伕把車子停在那裡休息。左邊街角有一檔賣汽水的，逢年過節吃晚飯時，一聽到爸爸說：「買幾支汽水回來吧！」我便和姐姐搶快跑到那汽水檔前，買發達橙汁、玉泉忌廉、沙士汽水和青島啤酒。再過去有間協記洋雜，玻璃窗櫥內放着各種玩具，常是我駐足流連的地方。再往前走，那間理髮店，是媽媽帶我第一次去電髮的地方。那時電髮，真的

是名副其實地，把頭髮捲起來，駁上很多電線，然後開電掣，
到了一定時間把電源截斷，把繫着電線的夾子拔下來，頭髮就
捲曲了。

　　爐石塘上的明生紙號是我後來入學後常去買文具的地方，
兩利白鴿票舖和祺記酒庄也是我所熟悉的。小新巷巷口那間永
棧缸瓦舖，瓷器碗碟林林總總地，總是從店內擺到店外。我們
檔口斜對面那間廣和中藥行，晚上關門後，門上有個可供開掩
的小窗，三更半夜，經常有人急着要買藥，用盡氣力拍門，裡
面留宿的員工，就會打開小窗，把藥從窗口遞給來買藥的人。
益和顏料、巨記篾家和遠和堅炭，到今天還在那裡。從爐石塘
繼續往新馬路方向走去，分別有上架行會館和同善堂。同善堂
對面有間同善堂藥局，隔鄰有間德銘茶餐廳。

　　德銘茶餐廳在六十年代初開業時，爸爸曾帶我進去過。跟
爸爸上茶樓，幾乎是每天的例行去處，但是上西式的茶餐廳，
卻是破題兒第一遭。記得那天是德銘茶餐廳新張開業的大日子，
門前放着很多花籃。那天爸爸穿了套西裝，我就穿了一條漂亮
的裙子。我們進去坐上「雅座」，有穿白上衣黑褲制服的侍應
過來招呼我們，餐廳內環境很雅致。爸爸給我叫了杯奶水，他

自己就要了杯阿華田，又叫了些西餅麵包。父女倆坐在餐廳的卡位上，享用着西式糕點。

那是我孩童時代第一次上西餐廳，感到非常新鮮。爸爸牽着我的手離開時，我還特別注意自己的儀態，一改以往連跑帶跳的習慣，把腳步放慢，端正着身子，然後斯斯文文地穿過德銘茶餐廳那扇玻璃門……

十八間和小新巷

爸爸的檔口開在十八間和小新巷這兩條小巷子之間的爐石塘上，所以我在這兩條小巷子裡，也結識了不少朋友。那時住在這兩條小巷子裡的，分別有兩個人物是深受小朋友追捧的：一個叫做「啲哆佬」、一個叫做「喃嘸佬」。

啲哆佬住在十八間，之所以叫做啲哆佬，是因為他在殯儀館裡擔任吹啲哆（嗩吶）的樂手，演奏時發出啲啲哆哆的樂聲。他平日在家裡練習時，啲哆聲一響起，就引來好多孩子在門外圍觀。到出差時，他就穿上一套白色的儀仗隊制服，拿着他那支擦得閃亮亮的啲哆，一出巷口，小孩們便一窩蜂地追趕在他身後樂得很。到他回來時，就聽到老遠有小孩高聲地喊着：「啲哆佬回來啦！」於是又引來一大羣小孩鬧哄哄地簇擁着他回家。

喃嘸佬住在小新巷，因為他為別人做法事時，不停地唸着「喃嘸阿彌陀佛」，所以被稱作「喃嘸佬」。他出差做法事時，就穿上一身道袍，精神抖擻、步履輕快的，也是小孩們爭相追逐的對象。

爐石塘上還有一個外號叫做「醉貓」的三輪車伕，也是小孩們追捧的人物。他把三輪車停在街角處，一身襤褸的衣衫，經

童年憶舊話澳門

常喝得醉醺醺地，在半醉半醒之間，逗着小孩玩耍。小孩們一
邊追在他後面喊他醉貓，一邊不停地作弄他。醉貓不但不生氣，
還拿着個酒瓶，手舞足蹈地，和小孩們嬉戲。

　　我在十八間認識了一個很會畫公仔的姐姐，有一天她在我
們的檔口給我畫公仔，我就央求她為我畫一個像芳艷芬[1]的花旦
公仔。畫完後，她的媽媽就來喊她回去。她走後，我拿着花旦公
仔，也在拍紙簿上學着畫。醉貓走過來了，在我身後笑嘻嘻地説：
「畫公仔怎麼沒畫出腸呀？要畫出腸呀！」我聽到他這麼説，
就真的在公仔的腹部仔細地畫了條腸出來。不久媽媽走過來了，
一看之下，笑着對我説，那是醉貓作弄我。直到我長大以後，
才知道「畫公仔畫出腸」原來是句通俗的諺語，以及它所隱含
的意思。

　　從爐石塘一踏進小新巷，即可看到一尊土地神，稱做「土
地公公」。有一次我在小新巷裡和一個小女孩玩耍時發生爭執，
她就跑到我們的檔口向我媽媽告狀。不一會，我聽到媽媽要來
打我了，就趕忙躲到土地公公旁邊避難去。

1　芳艷芬：五十年代香港著名粵劇演員，有「花旦王」的美譽。

我上學了

六歲那年的一個晚上，媽媽和我在爐石塘的檔口正閒坐着。有位住在小新巷的太太從巷子裡走過來，坐在我和媽媽身邊，看到我，便問媽媽我上學了沒有。媽媽說我只有六歲，年紀小，還未上學。那位太太就說六歲應該要讓我上學了。她告訴媽媽，白鴿巢公園旁邊有間小學，校長是個「白姑娘」（身穿白袍的修女），從正門進去後，會見到一個「白頭婆」，向她報名就可以入學了。那位太太還說，入學要考數數，要懂得由一數到十，才會被取錄的。

我十分感謝這位好心腸的太太，沒有她的提點，媽媽當時還不曾想到我需要入學讀書呢。隨後幾天，媽媽早上起床後，便捏着我的小手教我寫「上、下、大、小、人、手、足、刀、尺」，又教我寫自己的名字、數數和看時鐘。

一天清早，媽媽替我梳好兩條辮子，穿着整齊，就帶着我出門，步行到白鴿巢公園旁的那座建築物。從正門進去，要跨過一道很高的門檻。我和媽媽跨進門後，便見到一個中年女人坐在寫字枱前。她穿着件白上衣、黑長裙，滿頭的白髮。我心裡在想：她一定是那位太太口中的白頭婆了。

　　媽媽帶我走到她的面前，向她說明要報名入學。那位女士就真的要我由一數到十給她聽，之後就把我的姓名、出生、籍貫和地址等，一一記在她的本子上，還給媽媽展示了一套冬季校服的式樣，囑咐媽媽替我到新馬路上那家校服店做套校服，入學手續便辦好了。

　　那座三層高、有許多窗戶，毗鄰白鴿巢公園的嘉諾撒仁愛女修會，就是培貞小學的校舍。

　　我上學了！

幼 稚 園 的 第 一 天

　　早上鬧鐘響起來了。因為校服還未趕製好，媽媽就替我穿上一條自家的裙子，梳好兩條辮子，便帶着我上學去了。

　　培貞小學是嘉諾撒仁愛會創辦的一所天主教學校，我是九月開學後兩星期才入學的。早上鈴聲一響，全體學生都在操場上集隊。別的同學都穿着整齊的校服，只有我穿着自家那條裙子，在隊伍中，就顯得鶴立雞群了。有位胖胖的、穿着一身白袍、項前掛着個聖像、戴着一副厚玻璃眼鏡的修女，站在石階上，我想她就是小新巷那位太太說的白姑娘了。

　　「這個沒穿校服的小孩是誰？」白姑娘問。

　　「是新同學。」正在忙着整頓隊伍的老師連忙回答。

　　「為什麼年紀這麼小，放在大班裡面？」白姑娘繼續問。所謂大班是幼稚園高班，小班是低班。

　　「她已經六歲了，只是個子小，我在家裡有教她數數和認字的。」家長群裡傳來了媽媽的聲音。

　　最後白姑娘還是決定把我放到小班裡，之後我便跟着班上的同學到課室裡去了。

　　我被編到幼乙（幼稚園低班）。班上的小朋友，很多還在哭哭啼啼，不肯坐在位子上的，只有我能夠安靜地端坐着。過了半天，班主任老師把我帶到課室的角落裡，考我的算數。在一個有幾行不同顏色大珠子的木架前，老師把第一行三粒紅色的大珠子和第二行五粒黃色的大珠子，由右邊撥到左邊，然後問我那幾粒大珠子加起來是多少，我很快便回答她是八。跟着她又把所有珠子撥回右邊，再給我多考一道題，這次我又答對了。之後，她便帶我到課室的另一邊，把我交給了幼甲的班主任胡老師，幼甲就是幼稚園高班。

　　胡老師穿着一套白色的衫裙、短頭髮、戴着副黑邊眼鏡。她看看我的高度，給我安排了一個中間的位子。那時幼甲班正在上英文課，同學們打開英文課本，正在齊聲地一起唸着：「A for Apple，B for Boy，C for Cat」我遲來了兩星期，又沒有書，只好看着旁邊同學的課本，但這些字母我全不認識。

　　下課後，幼乙的班主任老師走過來對我說，學校不准學生
留長髮，校長要我盡快把辮子剪掉。

　　放學後回家告訴媽媽，媽媽有點捨不得讓我把辮子剪掉。
可是，我卻不停地哭嚷着，因為我知道，如果我不把辮子剪掉，
回到學校準會受罰，而且，別的同學也沒有留辮子的。母親經
不起我的哭哭啼啼，她也忙着幹活，於是胡亂地給了我些錢，
囑我到巷子裡的理髮檔，請理髮叔叔替我把辮子剪掉。

　　於是，我那兩條辮子，就這麼被理髮叔叔一剪，在我的頭
上消失了，換來的，是一頭短髮，像其他的同學一樣。

上 學 的 路 上

　　媽媽因為深宵十二時才在爐石塘收檔，回到家要凌晨後才能睡覺，所以她無法每天清早起來帶我上學去。三、四天之後，當時六歲的我，便要自己一個人上學去了。

　　早上七點半，我聽到鬧鐘的響聲便起床。洗臉刷牙、穿上校服，拿起媽媽給我放在枕頭上的毫半子，背起書包，便在爸媽熟睡中，獨個兒上學去了。

　　上學的路上，是先從草堆橫街轉入爛鬼樓，經過果欄街轉入鹹魚欄，然後轉入沙欄仔斜巷，經安多尼堂，到達座落在白鴿巢前地的培貞小學。

　　我拿着媽媽給我的毫半子，在爛鬼樓的路邊檔用斗零（半毫子，即五仙）買碗白粥、斗零買碟豬腸粉；或者在沙欄仔斜巷的路邊檔，一毫子買碗豬油渣瀨粉做早餐。這些路邊檔都在上學的時段擠滿着人，個子小小的我，很多時被擋在人群的後面，根本無法買到想要買的東西，只有看着別人在吃。上課時間又快到了，只好空着肚子回學校。

　　放學後，我喜歡從安多尼堂旁邊的一條小路，經大三巴街
轉入草堆街回家；或者從沙欄仔斜巷經鹹魚欄，再轉入爛鬼樓回
家。那時沙欄仔斜巷的中段有個小小菜市場，尾段有間厚記雜
貨店，老闆是爸爸的同鄉。鹹魚欄則是名副其實的鹹魚一條街，
兩旁盡是些賣鹹魚海味的店舖。走到近果欄街，還有間很大的
「廣茂香花生」，那是後來外婆來澳後最喜歡光顧的花生店。

　　至於爛鬼樓，就是舊料地攤和古董雜架店的集中地。

大三巴街和長樓

上幼稚園後三、四天，我便獨個兒上學去。班上有個女同學見我項鍊下掛着個飛鷹圖案的小鐵牌，便告訴我，大三巴牌坊上也有個相似的圖案。下課後，她就帶着我，經花王堂前地走到大三巴街，在牌坊前停下來，指着牌坊的最高處說：

「看啊！這隻鷹，不就是和你戴着的這隻一模一樣麼？」這是我第一次看到大三巴牌坊。

我們看完了牌坊，便一起回家，她就住在草堆街上。從那天開始，放學後，我們便常常結伴經大三巴街回家。有一天她告訴我，他們家很窮，米缸快沒有米，一家人快要餓肚子了。我們家因為開熟食大排檔，家裡經常存放着幾包大白米，於是有天我就趁着爸媽不在家時，偷偷地打開米袋，取出些白米包起來，拿到她家去。

那時大三巴街是條石仔路，兩旁有理髮店、洋服店、籐器店、傢俬店、酒莊和小食店等，還有崇義學校和聖玫瑰學校。大三巴牌坊兩旁則有些民居，右邊的那幢兩層式的樓房一字兒排開，分別住上很多戶人家。夏天，樓房外的花棚長出很多牽牛

花，有藍色、桃紅色、紫色、白色的多種。星期六放學回家途中，我最愛跑到那兒去看花。

走在大三巴街上，很多時看到居民在門前橫額上貼上「之子于歸」，或在大門的兩旁貼上「幸有香車迎淑女，愧無旨酒宴親朋」等的嫁娶喜聯，讓路過的行人也能感受到他們喜慶的歡樂。

花王堂街與大三巴街之間有排長樓，房子一間連着一間，建在高高的地台上，歷史記載這是以前的「豬仔[1]樓」，裡面有幾間重要的「豬仔館」[2]。

長樓對面有條小巷叫做長樓斜巷，又叫做邐邊巷。幼稚園班上有個天生殘障、駝背的女同學，就住在這條巷子裡。她的家在巷中一個破舊的小院落裡面，院落裡住着好幾戶人家，有一大群孩子。我放假時喜歡到她家，在院落裡和那些孩子玩耍。

1 豬仔：華工，泛指於晚清時，前赴海外工作的華人勞工以至苦力，被招工館等中介公司欺騙或詐騙至海外謀生，俗稱為賣豬仔。（維基百科）
2 豬仔館：販運、交易豬仔的地方名為招工館，俗稱豬仔館。（維基百科）

　　不久，我發現從爛鬼樓穿過邋遢巷走上大三巴街，是上學的一條捷徑。可是那條小巷的衛生環境就像它的巷名一樣，所以走過這條小巷時，真的要加快腳步了。

我 最 敬 愛 的 胡 老 師

　　我們幼稚園甲班共有五十人，所有科目全部由班主任胡老師一個人任教，有識字、英文、數數、唱遊等。胡老師對我們很嚴格，要求坐姿要端正，雙手要放在背後。打開課本唸書時，聲音要整齊，要用手指點着每一個字來唸，唸完之後，雙手要放回背後不許亂動。

　　幼稚園下午有午睡時間，每個小朋友乖乖地伏在書桌上午睡，整個課室鴉雀無聲。當聽到悠揚的鋼琴聲響起時便要醒來，之後胡老師和阿姨就會派餅乾給小朋友吃，這是我最喜愛的時段。

　　胡老師是我入學後的第一位老師，也是我最敬愛的老師。她上課時經常戴着一副太陽眼鏡，說這樣是為了方便她可以隨時注視着同學，而令同學都不會察覺。我被轉到胡老師的班上才幾天，便被她選做班長，班長的工作是要收簿和派簿。記憶中胡老師沒有怎樣體罰過學生，只是班上有位男同學經常欺侮女生，一天胡老師讓那些曾經被他欺侮過的女生，排着隊用間尺來打他的手心。

　　胡老師就住在學校的附近。從安多尼堂旁邊的石階拾級而上有條小路,可以通往大三巴牌坊。小路的左邊是一些簡陋疏落的民房,右邊是個草叢,盡是些雜草。民房那邊的一間白色小屋,就是胡老師的家。

　　幼稚園的同學中,我記憶最深刻的是鄭恩慈,因為她的成績很好,上下學期都考第一名。鄭恩慈就住在胡老師家附近,所以胡老師把她帶來培貞上學。可是當我升上一年級之後,胡老師因為懷孕,就沒有再教了,而鄭恩慈也就再沒有來上課。一年級開學的第一天,放學之後,我懷着失落的心情,從小路步行經過胡老師的家,想偷偷地在她家的門外看看她,卻見到鄭恩慈帶着個弟弟在草叢附近,見到我快走近她的身旁時,便在草叢中蹲下來躲藏着。我知道她不願被我見到,便假裝看不見她,只是覺得她成績那麼好,沒有再上學實在很可惜。

　　幼稚園畢業禮在禮堂舉行,胡老師為我們排練了一首英文字母歌,每個小朋友手上舉起一個字母排,二十六個英文字母在歌聲中,在台上穿插着表演,贏來了不少掌聲。

　　如今看着手上那張發黃的幼稚園畢業照,五十個小朋友整
整齊齊地站在台階上。經歷了超越半個世紀,當年這班小朋友,
今天又身在何方呢?胡老師如果今天仍然健在,也是個白髮皤
然的老婦人了。

鄺老師和余老師

我們小學時稱老師做「先生」。先生是對有學問、知識者的尊稱。鄺老師被稱作鄺先生或鄺生；余老師被稱作余先生或余生。

小學二年級班主任是鄺小芊老師。那時較成熟的婦女流行梳「大頭裝」，即是把頭髮弄得很鬆很高。鄺老師因為梳個大頭裝，所以我們就在背後偷偷地給她取個外號叫做「大頭鄺」。雖然老師們的夏裝是清一色的白裙子，但鄺老師穿的，卻是設計新穎、款式特別的洋裝，再加上頂着個蓬鬆的大頭裝，鼻樑上架着副太陽眼鏡，看起來真的很時髦，簡直有電影明星的風采。她上課時，經常會帶些小禮物獎給成績好的同學，花樣可真多。有一次她帶來了一串銀白色的珍珠項鍊做獎品，我是多麼的想得到它啊！不知道它最後是落在哪位幸運兒的手裡了。

三年級的班主任是余妙嫻老師。余老師沒戴眼鏡，尖尖的下巴、筆直的鼻樑配上櫻桃似的小嘴，一頭整齊的短髮，眼睛永遠是炯炯有神，嘴角常掛着微笑。

學校各班在室內操場都獲分配一塊壁報板，用來張貼班上的優秀作文。作文被選上貼堂，是無上的光榮。當班上要做主題

壁報時，余老師總是喜歡選我和月梅放學後留下來幫忙。她會
先在課室內和我們一起討論怎樣設計和用些什麼材料，並且很
樂意聽取我們的意見。有了構思之後，我們就拿着物料一起到
地下操場佈置。佈置完壁報之後，余老師就親切地和我們聊天，
還約我與月梅星期天到望德聖母堂和她一起望彌撒。望完彌撒
之後，還帶我們到板樟堂溪記粥品吃粥。

　　鄺老師和余老師是感情很好的一對好朋友，她們都是我所
敬愛和最懷念的兩位老師。

秘魯來的同學

　　小學三年級時，有一天正在上課當中，劉校長領着一個看起來有十五、六歲的少女進來我們的課室，向全班同學宣佈，她是秘魯華僑，從秘魯遠道來培貞學習中文，她的名字叫做黃美珍。之後校長把美珍交給了當時教國語的老師，老師打量了一下，便把她編到我的座位旁，囑我幫忙她學中文。

　　美珍身材高大，體態健碩，穿着一條色彩鮮豔的花裙子，腰間繫着條花腰帶，給人高雅端裝的感覺。她的廣東話並不流利，有時甚至不知道老師在教些什麼，很需要我的幫忙。除了英文科，她什麼科目都上。每次上英文課時，她便收拾好自己的東西，靜靜地離開課室自修去。

　　她因為年齡比我們大，廣東話又不流利，所以交不到什麼朋友，只是和我比較熟絡。她在別人面前都不大說話，卻常常扮些小動作來逗我開心。學期差不多結束時，美珍告訴我，她要回秘魯去了，問我拿了個地址，說回到秘魯後會寄信給我。

　　學期結束剛放暑假。有一天我在草堆街閒蕩時，見到美珍和她的妹妹也在草堆街上。她們姊妹倆穿着漂亮的花裙子，說着西班牙語，手上拿着大袋小袋，像一雙花蝴蝶似的在草堆街上

穿來穿去，最後進了一間疋頭店。我看看自己一身髒舊的衣服，
以及腳上那雙破拖鞋，不禁自慚形穢起來，竟然不敢上前和她打
招呼。我在疋頭店門口，透過玻璃窗櫥偷看她們在店內揀布料，
又怕被她發現，不一會，就一溜煙地跑回家去了。

　　過了不久，我收到美珍從秘魯寄來給我的信，三、四張信
紙寫得滿滿地，寫的不知道是西班牙文還是英文，總之我是一
個字都沒看懂，也不知道該怎樣回她的信。

　　我後來有點後悔當天在草堆街疋頭店前沒有上前與她相認，
沒想到那竟是我最後一次能與她道別的機會了。

培貞舊校舍和劉英德修女

座落在白鴿巢前地的嘉諾撒仁愛會，同時也是培貞小學的校舍，自新校舍建成之後，它就被稱作舊校舍。學校由修女管理，除了幼稚園，一律是全女生，我入學時，校長是劉英德修女（後改名劉淑勤）。

劉英德修女是中墨（墨西哥）混血兒，除了會說流利的中文，還會說英語和意大利語。她圓圓的臉上架着副鏡片很厚的近視鏡，胸前掛着一串鑲有聖嘉諾撒修女像的項鍊。劉修女雖然身材肥胖，但走起路來卻健步如飛、精神抖擻、聲音響亮。她夏天頭上戴着白頭巾，身穿白色的修女袍，家長們都稱她做白姑娘，有的稱她劉校長。

劉修女是全所學校裡最權威和最令學生畏懼的人物。她手中拿着個銅鈴，同學們在操場上玩得正樂時，她就會搖着那個響噹噹的銅鈴，表示上課時間到了，大家要趕緊集隊。集隊之後，她整頓好隊伍，便帶領我們唸〈聖母玫瑰經〉。

「萬福瑪利亞，滿被聖寵者，主與爾偕焉，女中爾為讚美，爾胎子耶穌，並為讚美。天主聖母瑪利亞，為我等罪人，今祈天主，及我等死候。亞孟。」

　　這是每天操場上必定傳來的瑯瑯唸經聲。唸完經之後，她會向我們訓話，然後才示意老師帶我們上課室。

　　當我們正端坐在課室裡，聚精會神地聽着老師講課時，她就會在課室門外的走廊上，搖着銅鈴，示意放學時間到了。這時候，同學們就高興異常，大家向老師行過禮、說過再見，就吱吱喳喳地蹦跳起來。

　　舊校舍除了用作小學上課外，還有學生宿舍。寄宿生分為兩種：一種是無父無母的孤兒，稱為「內生」；另外一種是多來自單親家庭，因為家中有特殊原因或生活有問題，被政府福利機構安排寄宿，稱為「寄宿生」。寄宿的有華人，也有葡國人。她們每天早上要到教堂望彌撒，宿舍裡的工作全部由修女安排，不分大小，都要分工合作。晚課後九點就要全部上床睡覺，如果功課做不完，就要偷偷地用自己的手電筒在床裡繼續做。內生長大成人後，就要離開宿舍到外面過獨立生活，自己養活自己。她們會預先約好外面的同學幫忙租個單位，然後幾個人合租，大家努力工作平分租金，遇到有情投意合的男子就結婚，組織自己的家庭。

　　培貞的舊校舍面積很大，有一個敞大的操場，還有宿舍和倉庫、禮堂和聖堂。課室有兩層，第一層是中文部、第二層是葡文部，每層都有課室多間。從學校正門進去後，右邊有個廳堂，再往前走有條長廊，長廊的盡頭有石級可以直落操場。長廊的右邊有個展覽區，每年的聖誕節，都佈置着一個馬槽，再加上每班的聖誕裝飾和佈置，把課室點綴得美輪美奐的，整座校舍就洋溢着濃厚的聖誕氣氛。平安夜，大家唱着悅耳動聽的聖誕歌，《普世歡騰》的歌聲從教堂傳遍每個角落，共同迎接聖誕來臨的那一刻，那興奮的心情和歡欣的氣象，至今令人難忘！

後記：

　　劉英德修女晚年在香港堅道嘉諾撒修院的安老院養病。二零零四年的一個炎夏，我到修院去探望她時，她在助理的照料和陪同下，早已在會客室裡候着。踏進會客室前那一刻，我的心情竟是如此的沉重和複雜。

　　會客室內靜靜地坐在輪椅上候着的，是個消瘦衰弱的身軀，可是她的精神卻尚好。助理說劉修女患有初期的老人痴呆症，以前的事恐怕都記不起了。我心裡不禁一陣酸楚，哽咽着的喉頭，竟一句話也說不出來，眼淚像斷了線的珠子，一顆顆地滾落下來。千言萬語，無從說起，我把幾張她與學生們合照的舊相遞給她看，她一邊看着，一邊笑着說：

　　「原來我以前是那麼胖的啊！」那是我三十七年後，第一次再聽到她的聲音。

　　臨別時，我目送助理把她的輪椅推進電梯內，她面向着我，臉上露着笑容，突然伸出她的雙手，和我緊緊地一握。之後電梯大門緩緩地關上，那是我此生最後一次看到她。

　　劉修女二零零九年五月在香港嘉諾撒修院病逝。

培貞新校舍

　　一年級我們上課的地方由舊校舍遷到對面剛落成的新校舍，培貞小學增設中學班級，易名為培貞中學。新校舍的外貌美觀、課室設計新式、空間寬敞、設備齊全，有戶外和室內操場，還有一間小教堂。

　　一年級的班主任是譚老師。那時培貞的老師每年也和學生一起換季的，夏天穿白色的套裝或長衫，冬天穿的是深藍色。在我的記憶中，譚老師一直都是穿長衫，沒有穿過兩件頭的洋裝，而且她的長衫還是她自己親手做的，她也替同學做新校服來掙些零錢。

　　譚老師一頭捲曲的黑髮，矮矮胖胖的身材，因此同學們暗地裡給她取個外號叫做「矮仔譚」。譚老師住在學校宿舍，是個虔誠的天主教徒，沒有結婚。她常在午飯後的操場上，四處抓同學進小教堂唸經，也常常勸同學洗禮。

　　譚老師教全校的勞作課，教我們針黹和編織。她也和莫修女輪流教音樂，學校有慶典，她經常都擔任司琴。

我們那個年代，是容許體罰的。那時的老師，最常用的體罰方法，是用間尺來打手心，而譚老師對同學常施予的體罰則是「摑頭殼」[1]。同學功課做不好，都難免被她在頭上一摑。記憶中我的頭殼沒有被她摑過，可是一年級時，我卻闖過一次禍。

那天午膳後在學校的操場上玩耍，有幾個同學突然想出個新玩意來，決定一起跑到對面的白鴿巢公園遊玩去。

我們一窩蜂地奔向白鴿巢公園，先去鑽賈梅士石洞，再跑到賈梅士博物院外團團轉，跟着還跑進公園裡的基督教小墓園內亂竄。不知玩了多久，才想到該回學校去。

當我們氣喘如牛地奔回新校舍時，只見操場上已空無一人，原來已經上課了。修女見我們滿頭大汗、氣呼呼地跑回來，便過來把我們攔住。細問之下，知道我們跑到白鴿巢公園玩完了回來，就非常生氣。

我們最後都一起受罰了，幸好沒有被記過。不過修女在訓

---

1 摑頭殼：敲頭頂。

斥了我們一頓之後，還很嚴厲地警告我們，以後誰都不許擅自
跑到白鴿巢公園去。

小學科目雜憶

　　小學讀過的科目有國語、英文、算術、尺牘、珠算、公民、常識、自然、健康、要理、音樂、勞作、國音和體育。就算以今天的標準來衡量，還是挺多元化的。

　　尺牘[1]是教寫書信的。以前沒有電話，全靠書信來往，寫信非常重要，尺牘成為重要的學習科目。我們要背誦各種書信範例，唸得朗朗上口的有「父親大人膝下：敬稟者，拜別慈顏，……」此外還要懂得書信的格式、稱謂，識寫上款和下款，連祝福語都要背。有一課講對聯的，有副對聯，上聯是「良藥苦口能除病」，下聯是「蔗水甜心可養顏」，到今天還牢牢記得。

　　珠算課是教打算盤的，上課時，每個同學都要把算盤帶來。吳老師把一個大算盤掛在黑板上，向我們示範怎樣用那些珠子來運算，要記很多的口訣，我今天只記得一句「三下五落二」。

　　國語即是中國語文。記得一年級時讀過一首新詩：「一片一片又一片，落在田裡看不見。」簡短易背，朗朗上口。三年級時讀過一首唐詩叫《秋夕》：「銀燭秋光冷畫屏，輕羅小扇撲流螢。天階夜色涼如水，坐看牽牛織女星。」

1　尺牘：1960年代小學課程中的一個科目。尺牘，就是教人寫信的範本。

童年‧憶舊‧話澳門

　　國音[2]是學國語的注音符號，聲母和韻母的發音。韓老師把雙唇音ㄅ、ㄆ、ㄇ、ㄈ（玻、坡、摸、佛）的發音示範得很清楚。

　　要理即是學習天主教的基本教義，莫修女用她那帶有意大利口音的廣東話來向我們講解聖經故事，有時還用彈琴和放映幻燈片來引起我們的興趣。

　　勞作是譚老師教的。她教我們針黹和十字繡，也教我們編織過一頂冷帽。

　　在幼稚園學會了二十六個英文字母和一些單字之後，一年級便開始學簡單的英文句子。記得那時用的兩本英文課本：一本是讀本，一本是文法。讀本是牛津大學出版社出版的 *The Oxford English Course for Hong Kong*。第一課的內容是：

"A Man and a Pan. A Pan and a Man."

　　文法是用一本叫做 *Brighton Grammar* 的文法書。那時的英文老師是林老師，林老師教學非常認真。她家在營地大街開了間「世界書局」，學校的課本，都是她家的書局供應的。

2　國音：漢語標準音，通過中國的注音字母來標注的漢字標準讀音。

　　小學五年級時，百老匯戲院上映一套美國電影《仙樂飄飄處處聞》，由茱莉安德絲主演。學校安排了我們五、六年級一起到百老匯戲院去觀看，說看後可以幫助加強我們的英語能力。同學們由修女和老師帶領，由學校步行至百老匯戲院。也許那場是優待學界的特別場，不同的學校各被編排好座位，戲院內全是學生，鬧哄哄的。

　　那時我只是一個小五學生，英語一句都沒聽懂，只是覺得電影中那七個孩子活潑可愛，而他們與片中的家庭教師瑪莉亞在那碧綠如茵的草原上合唱的 Do-Re-Mi，真是悅耳動聽極了，當時雖然並不太懂得歌詞的意思，但卻可以朗朗上口地跟着唱。

　　《仙樂飄飄處處聞》於二零一五年在北美洲大事慶祝五十週年紀念，年屆八十的茱莉安德絲仍然健在，而當年那七個天真活潑的孩子，卻都已經變成老人了。

墨 盒 與 蠶 盒

　　每年除夕，爸爸總喜歡拿張小紅紙，囑我用毛筆在上面寫上「一團和氣」四個大字，之後那四個寫得歪歪斜斜的童體字揮春，就這麼貼在牆上一整年，用來提醒我們姐妹倆要和睦相處。

　　打從幼稚園開始便要習毛筆字，要把字帖套進九宮格習字簿中，印着字帖把字描出來。初學毛筆字，字帖上的幾個大字是：「上大人孔乙己化三千七十士」。練習毛筆字叫做習字，又叫做寫大字，習字是每週的例行功課。

　　二年級開始作文，老師把批改好的作文發還給我們後，要用毛筆謄在本子上。每次謄文堂，都要把毛筆和墨盒帶回學校。那個墨盒可是要特別小心攜帶的，不然墨汁會溢出來。它是一個鐵的或塑膠造的小圓盒，裡面放有棉花，把墨汁倒進去，墨汁不能太多也不能太少。墨汁在盒子裡放久了會有股難聞的氣味，所以經常要放幾滴燒酒進去，把氣味驅散。

　　我的毛筆和墨盒是在草堆街那家「怪漢筆莊」買的。這家筆莊號稱是毛筆專家，是間小店，開張時十分哄動，門外正中招牌上用隸書寫上「怪漢毛筆專家」，店門左右貼上「小兒何

所夢？夜夢筆生花」十個大字，店內裝修得七彩奪目。老闆介紹我買大白雲和小白雲毛筆，還即時把我的名字刻在筆桿上，稱為「閉目閃電刻字」。帶着刻上自己名字的毛筆回家，當然就愛不釋手了。

到了夏天，上學時除了墨盒要小心照顧之外，還有另外一個小盒子也要照顧的，那就是一個有條小生命在裡面的盒子，是條可愛的蠶寶寶。

桑葉長得茂盛時，同學們便一窩蜂地養蠶蟲了。我們先要找一個小盒子，來作為蠶寶寶的家。我就會要求爸爸給我一個555 牌香煙的方形小鐵盒，叫爸爸給我在盒子上打幾個小洞，這是給蠶寶寶用來透氣的小窗戶。要先把桑葉鋪放在盒子裡，然後把蠶寶寶放在桑葉上。看到蠶寶寶在桑葉上蠕動，日夜不停地吃桑葉，身體由白色變成透明，之後進入休眠狀態，開始吐絲結繭，最後在蛹中長成蠶蛾及破蛹而出，這就是我們這些小養蠶人的最大收穫了。

　　記得小朋友有一陣子流行養電子寵物 Tamagotchi，見到他們玩得倒也樂趣無窮。然而，我們小時候養一條真正有生命的蠶寶寶那種樂趣，也許是他們難以體會得到的。

糖果與香煙

　　學校午膳鐘聲一響，我就急不及待地跑出校門，跑到學校旁的聖安多尼堂牆邊，看看賣噹噹糖[1]的伯伯，是否已在路邊候着。遠遠地看到伯伯穿着一身黑布衫褲，木架子上架着一大盤糖餅：有奶白色的、有金黃色的，我就歡喜極了，趕忙奔跑過去。我給伯伯斗零[2]，告訴他我要兩片牛奶糖、兩片薑糖。伯伯露着笑臉，用小鐵鎚在刀背上噹噹噹地敲着，在那一大塊白白圓圓的糖餅上，鑿出兩片雪白的牛奶糖；又再噹噹噹地在刀背上敲着，在那一大塊金黃通透的糖餅上，敲下兩片金黃色的薑糖，然後包在紙裡遞給我。我把糖接過來，一邊走着一邊吃着，想起陽光下賣糖伯伯臉上的笑容，覺得嘴裡的噹噹糖也格外香甜了。

　　我最喜歡吃牛奶糖。那時國產的「大白兔奶糖」，極受小朋友歡迎。奶糖外面的糖紙是一隻可愛的大白兔，撕開來，裡面有層薄薄的糯米紙，把白色的牛奶軟糖包在裡面，有着一股濃滑的牛奶香味。放入口中細細地咀嚼，軟綿綿、甜絲絲。吃完了，我還會把糖紙攤平，然後放在盒子裡珍藏起來。

1　噹噹糖：噹噹糖質地堅硬，要用鎚子和鐵片鑿開。敲擊鐵片時發出叮叮噹噹的聲音，所以叫做噹噹糖。

2　斗零：半毫子，即五仙。

童年憶舊　話澳門

　　成年人抽煙，也許和小孩子吃糖果的歡快感是相同的。小時候我看到大人抽的煙，至少有三種。

　　樓下祥發印務戴老闆最喜歡坐在店面的門檻上，手裡拿着個竹管製成的水煙筒，燃起煙絲，一吸一吐，面上露着愉快滿足的神情。

　　住在廳堂上的三輪車伕跛黎，拉完車回到家後，不是飲酒，就是抽煙。他用煙紙捲起煙絲，點燃起來，坐在椅子上一吞一吐，一副樂悠悠的樣子，誰也不敢去打擾他。

　　我爸爸抽的是 555 牌（稱作「3 個 5」）香煙，而且喜歡買鐵盒裝的。他經常在需要思考的時候，就坐在窗前，點上一支香煙，煙支在兩指之間，一面悠悠地吐着煙圈，一面思考，彷彿在煙霧吞吐之間，就能把事兒想通了。

　　抽煙在那個年代似乎也是一種社交禮儀。爸爸與朋友見面，雙方總喜歡從口袋裡掏出包香煙來，為對方遞上一支煙。如果再拿出火柴或打火機，為對方把香煙點上，就更能表現出禮貌週到。之後兩個大人邊抽煙邊聊着，彷彿這樣更能增加他倆談話的情趣。

紅街市與拐子佬

　　四、五歲時爸媽帶我出外，我必定是走在他們中間，讓爸爸牽着我的左手，媽媽牽着我的右手。走得累了，我就要爸媽每人一隻手把我舉起來，讓我懸在半空中，再走幾步把我放下來，覺得挺好玩的。

　　那天我們出外走走，爸爸一身筆挺的西裝，媽媽一襲花布衫褲，我呢？穿了條背後打個大蝴蝶結的漂亮裙子。手牽着手，我們漫步走到紅街市 [1] 附近。

　　正在東看看，西看看的時候，我忽然注意到路旁有間幼兒院，大門半掩着，裡面有很多小朋友。我一時好奇，便甩掉了爸媽的手，跑到幼兒院的門前去窺看裡面的小朋友。怎料有個男人突然一手把我抱起來，我看看他的樣子，記得爸爸曾經教過我：「老的叫伯伯，後生的叫叔叔。」正在不知道應該叫他伯伯還是叔叔時，我帶點害羞低下頭來，卻看到他的一雙大腳丫在不停地往前移動，向着與爸媽相反的方向急步往前走，而且漸行漸遠。我的心裡有點慌，於是回頭指着正在往相反方向

1　紅街市：或稱提督街市，大樓以紅磚砌成，建於 1936 年，至今仍然運作。

走着的爸媽。那時爸媽也剛好一起回過頭來，那陌生男人順着我指的方向回頭一望，便立刻慌忙地把我放下來。

我飛奔向着爸媽的方向追上去，原來爸媽當時並沒有真正的看到我，只是交談時兩人的頭不約而同地向後轉了一下，他們並不知道剛才我差點給拐子佬抱走了。

我跑上去趕忙牽緊他們的雙手，再也不敢亂跑了。

白鴿巢公園

外婆來了！外婆帶着姐姐，從廣州來了！我們的家庭成員，從此就由三口人，增加到一家五口了。

住頭房的阿敏、住二房的阿培和他的媽媽，都先後搬走了。到廳堂上的姓黎一家都搬走了之後，我們便把二樓全層租下來，爸媽住房間，外婆、姐姐和我住廳堂。

安頓下來之後，媽媽就讓外婆認識一下澳門的環境。她因為忙着幹活走不開，就指派我來擔任小導遊了。媽媽囑我帶外婆和姐姐到白鴿巢公園去走走，那是我最熟悉的地方，我當然勝任有餘了。

白鴿巢公園是澳門最古老的公園之一，佔地廣闊。那時正值盛夏，園內種滿花草，樹木青蔥，綠蔭夾道，鳥語花香。每天都有很多市民到公園裡運動、休憩和下象棋，有的更帶同鳥籠，與心愛的雀鳥一起呼吸新鮮的空氣。園內還有賈梅士石洞和賈梅士博物館。

　　在我記憶中最深刻的，是公園外有一檔占卦算命的地攤。算命先生的籠子裡養了一隻白鴿，一疊算命的紙牌整齊地排放在籠子旁邊，有文字的那面朝地被覆蓋着。有人來占卜時，算命先生就打開籠子讓鴿子出來。鴿子跳出來後，便會用嘴一啄，抽起一張紙牌來。算命先生隨即把一粒粟米塞進鴿子嘴裡，那便是牠工作的報酬，之後就把鴿子關回籠子裡，然後翻開那張被鴿子抽出的紙牌，向問卜的人娓娓道來……

信

　　郵差叔叔背着個載滿郵件的大袋子，在我家樓梯口牆上的信箱，投下了兩封信。我們經常收到的信件，都是從廣州寄來的。

　　媽媽把信讀畢，握着她那枝金蓋配紅身的英雄牌墨水筆[1]，攤開了信箋，寫寫停停，然後又若有所思地停停寫寫。信寫完了，便拿出信封來，在上面寫上：「寄廣州市中山五路壬癸坊三號」，這個地址我到今天還牢牢記得。地址的最後一行，媽媽寫上「朱惠珍付」。

　　「我叫做朱惠珍，又叫做朱雲開。」媽媽對我説。

　　「媽，你怎麼有兩個名字呢？」四歲的我好奇地問。

　　「是啊！『守得雲開見月明』嘛！我二弟叫做遇明。」（取其音近月明）

　　媽媽抬起頭來，深邃的眼神裡透着一絲懸念。離鄉別井，

1　英雄牌墨水筆：中國知名的老字號鋼筆品牌。

她滿腔的思親之情，又豈是年幼的我所能體會得到的呢？

雲開見月明（遇明）這個願望，最終在十六年之後實現了。

後來外婆從廣州來了，由於六十年代國內物資缺乏，外婆和媽媽就經常買些鐵罐生油、餅乾和煉奶，用毛巾縫成一個袋子，再在袋子外面縫上一小塊四四方方的白布，白布上寫上二舅、四舅在廣州的地址，把袋子帶到郵政總局去寄包裹。

外婆拿着舅父收到包裹後的回信，把信遞給我，讓我讀給她聽。幾張信紙寫着密密麻麻的字，二舅寫的多是簡體字，四舅的字又龍飛鳳舞般潦草，那時讀二、三年級的我，拿着那幾頁信紙，結結巴巴地，跳過看不懂的字，斷斷續續地東一句西一句讀着，好不容易才把信讀完。

外婆把信要回去，緊握在手裡，踱着碎步，走到議事亭前地「便民大藥房」附近的那個路邊代書[2]小檔坐下來，讓寫信佬[3]

2　代書：替別人書寫信件。

3　寫信佬：代寫書信的人。

把信一口氣給她讀完。之後寫信佬拿出信箋來，一面聽外婆口述，一面用毛筆在信箋上疾筆直書。那時代寫一封書信，大概是兩毫子左右，如果要寫信佬代為把信件寄出，就要再付「仕擔」（郵票）錢。

　　代書的後面還有個用龜甲算命的小檔。外婆坐下來，算命先生把三個銅錢放進龜殼中，上下搖晃數次，然後將龜殼中的銅錢抖出，細看一會，就能把外婆占卜問卦的心事與家事，一一向她娓娓道來。

　　離開了算命先生的小檔，外婆把雙手放在背後，緊捏着那封從家裡帶來的信，便又慢慢地從營地大街踱步走回草堆街去。

銅 馬 · 茶 座

今天南灣那座銅馬像[1]已經不復存在，可是它當年卻是南灣的地標。我最懷念的，是銅像下的那個露天茶座——「銅馬茶座」。

小時候的南灣，是一個寧靜的休閒好去處，夏天乘涼、休憩、散步，十分寫意。

那時的南灣，地上還是黃土一片，葡京酒店還沒有建起來，附近有學校、球場、商店、樓房住宅和穿梭往來的三輪車。

晚飯後，只要聽到爸爸說：「我們到南灣走走吧！」我就樂極了。從議事亭前地轉入新馬路，再上南灣街，我連跑帶跳地，就是要盡快到達「銅馬茶座」。當遠遠看到榕樹下茶座懸掛着的彩色燈泡，以及茶座旁那比我還高的大可樂時，我就歡欣雀躍地往前跑，直奔到它的面前，圍抱着它。散完步後，如果爸媽決定在茶座坐下來乘涼和喝點東西，讓我可以圍着那大可樂多轉幾個圈，我就簡直是喜出望外了。

---

1 銅馬像：即亞馬喇銅像。亞馬喇是澳門第七十九任總督，澳葡政府於 1940 年豎立此座亞馬喇揚鞭策馬的銅像以作紀念。

童年 憶舊 話澳門

小時候，幸福原來就是這麼簡單！

茶 樓

爸爸愛上茶樓品茗。那時我們經常去的茶樓有四間,在十月初五街上有得來大茶樓、冠男茶樓和六國飯店。

得來大茶樓門前有個報攤,爸爸進茶樓前準會買份《工商日報》。茶樓門口有很多衣衫襤褸、挽着擦鞋箱的小童在候着,一見到客人便蜂擁上前,爭相懇求他們光顧擦鞋。他們年紀由八、九歲到十四、五歲,都是些失學的貧苦兒童,被稱作「擦鞋仔」。

我最喜歡靠近新馬路那邊的六國飯店,因為它十分古色古香。我最愛爸媽坐在地廳樓梯底的卡位,因為卡位背後有個古老大花盆,我就喜歡坐在它的邊上。飲茶之際,會有人進來兜售馬票[1]。當那個售賣馬票的,拿着一大疊馬票來到我們的桌子時,爸媽總喜歡叫我挑一張,碰碰小孩子的手氣。因此每次馬票開彩,看到媽媽拿着報紙對馬票時,我都特別緊張,好希望中獎。六國飯店門前也有報攤,媽媽進入茶樓之前,也喜歡買份《銀燈日報》或《明燈日報》,看娛樂新聞。

---

1 馬票:讀音「馬標」,是香港早年舉辦的一種結合賽馬與攪珠的彩票形式。

　　營地大街的遠來茶樓，我們也是經常去的，那是一幢鵝黃色的建築物，飲茶要上二樓。我其實沒多大興趣跟爸媽上茶樓，因為他們邊飲茶邊談事兒，我都聽不懂。茶樓點心中，我最愛吃的是蛋撻，但偶爾也會向媽媽說，我不吃蛋撻了，要媽媽把兩毫子的蛋撻錢給我，用來買本公仔書，看着看着，倒是可以打發些時間。

　　後來，內港碼頭那邊出現了一艘充滿中國傳統特色，由巨型畫舫改裝的賭船「澳門皇宮」（又稱「皇宮娛樂場」）。船上有賭場、酒樓和餐廳，被稱為「賊船」[2]。爸爸偶爾也會帶我們上「賊船」飲茶去。

2　賊船：因上船賭博者多少留下些金錢，故被謔稱為「賊船」。

十月初五街與康公廟

　　十月初五街是條繁盛的街道，沿街有茶樓、百貨店、鞋業服裝、海味雜貨、煙草公司、山貨陶瓷、醬園、麵家、銀行和茶莊等。爸爸就最喜歡到英記茶莊買茶葉。

　　草堆街與十月初五街交界處有座康公廟[1]，康公廟前地有很多小販在隨處擺賣。每年的康公誕，康公廟前地都會搭建大戲棚，上演神功戲。外婆最喜歡看大戲，常是戲棚內的座上客。我那時雖不懂看大戲，但總喜歡跟着外婆去趁熱鬧。戲棚內人頭湧湧、燈火通明、鑼鼓喧天，場面非常熱鬧。有些沒法擠進戲棚內的，戲棚外就有人搭起了些高櫈，只需付一毫子，便讓你爬上高櫈，從棚架的縫隙偷看裡面正在精彩演出的大戲。

　　康公廟在康公誕時，還會向坊眾派發齋菜。

　　十月初五街上還有一間「工人康樂館」，提供文娛康樂設施，是工人和市民坊眾的休閒場所，成為普羅大眾餘暇活動的好地方。工人康樂館三樓有個劇場，放映二、三輪電影，票價相當便宜，後座一毫子，前座斗零。我們平日很少到工人康樂館，

1　康公廟：即康真君廟，是一家佛、道民間信仰合一的廟宇。

但記得有一次媽媽、外婆、姐姐和我，就一起到工人康樂館去看
過一套令我十分難忘的電影，那是長城電影製片公司，由傅奇、
陳思思主演的《雲海玉弓緣》。那套電影好看極了，片中女主
角陳思思俏麗可愛，她那雙迷人的大眼睛，至今仍讓人沉醉！

新馬路與中秋節

　　新馬路是條繁華熱鬧的大街，兩旁店舖林立，有百貨、銀號、藥局、餐廳、酒樓、戲院、餅家、酒店等，應有盡有，而我最懷念的，是新馬路上的餅家。那時一年中至少有三次，是懷着歡欣的心情，到新馬路上的餅家去的。

　　中秋節快到了，我便與姐姐一起到新馬路上的餅家，逐家去索取「月餅紙」。所謂月餅紙，就是一張印刷精美的月餅價目表，餅家印製用來派發給顧客的宣傳單張。月餅紙上，一面印有各式月餅的價目表，一面印上與中秋節有關的各種彩色圖畫，我與姐姐要收集的，就是各家餅店月餅紙上的彩畫。我們興高采烈地把月餅紙帶回家，互相比較、欣賞，然後好好珍藏。

　　到臨近中秋節了，我就歡天喜地跟着媽媽到新馬路上的餅家去領取月餅了。媽媽供了份「月餅會」，臨近中秋節時，便憑着那張蓋滿了印的月餅會卡，到所屬的餅家去取餅。那時中秋用月餅來互相送禮的風氣很普遍，但一次過拿錢出來買十多盒月餅，並非一般家庭能夠負擔得起，所以人們便供月餅會。每個月供二、三元，供足十二個月，便可以拿到十盒月餅，所以到期取餅時，餅家就人頭湧湧。

　　我跟着媽媽去取餅，餅店還特別送我一個豬籠餅，就是一個在豬籠裡的豬仔餅，可以提着。那時媽媽兩手滿滿地提着那十盒月餅和餅家額外贈送的酥餅，我就提着那個豬籠餅，一蹦一跳地跟在媽媽後面，滿載而歸了。

　　為了宣傳，新馬路上各家餅店在中秋節前都搭建中秋牌樓。中秋節的牌樓燈飾，高懸在餅家門樓上，成為大型的宣傳廣告。牌樓的主題畫每年都不同，有「嫦娥奔月」、「八仙過海」、「吳剛伐桂」等，除了立體的美工製作，不少還加上耀眼的燈飾，甚至還會走動，成為栩栩如生的動畫。

　　中秋節的晚上，吃完晚飯後，人們扶老攜幼，到新馬路上觀賞綵燈牌樓，成為一家大小的闔家歡樂餘興節目。新馬路上人山人海，擠得水泄不通，馬路兩邊都有牌樓燈飾，人們看完這邊又跑過那邊看，真是目不暇給。

關前正街

有一陣子爸爸很喜歡到遠來茶樓飲茶。早上飲完茶後，爸爸便牽着我，從營地大街轉入草堆街，經關前正街回家去。

走在關前正街上，我看到有一家店舖的飾櫃內，放着些閃亮亮的彩色小珠子和珠片。好奇的我，便甩掉爸爸的手，跑進店內，呆呆地站立在飾櫃前，凝視着飾櫃內那些亮晶晶的小珠子。

爸爸跟進來了，他看了一下，然後就叫店員賣少許給我。店員讓我選了三、四種不同顏色的小珠子和珠片，用薄紙包了些極少的份量，爸爸付了錢，我就拿着那幾包小東西，歡天喜地跟爸爸回家了。

那些小珠子和珠片，想是用來釘在裙褂上的裝飾，我那時只有四、五歲，並不會穿珠釘片，純粹是出於好奇和喜愛它的閃亮。到我八、九歲時，澳門珠繡業興起，街頭巷尾都在「釘珠仔」，用的就是這些小珠子和珠片。那時有很多大小珠繡廠，家家戶戶拿珠片回家釘，以幫補家計。珠繡的分類有手袋、錢包、鞋、晚禮服、旗袍、龍鳳裙褂和飾品等。手袋、錢包、鞋的面料，都可以外發讓人取回家裡加工，所以是為數最多的家庭手工。

　　釘珠仔的工序是先在一幅綢緞布料下托塊紗布，再用粗針棉繩把布面緊緊地固定在一個金屬框中，在布面印上花紋圖案，以便釘珠片，次序是先釘珠花再釘珠片。釘珠花的難度較高，所以工錢也較高，每張單價有的不到一元，有的一元多。我和姐姐多在暑假時去領這些珠片回家釘，姐姐的手藝比較好，釘珠花，而我就釘珠片，有時為了多掙些錢，都會釘到深夜。

　　我在關前正街還有一段難忘的回憶，那就是在四、五歲時，媽媽帶我到正街中段與酒潭巷交界的那間金舖去穿耳洞。那天我們進入金舖，見到舖內有個老婦人坐在櫃枱前。知道我要穿耳之後，她向媽媽說她年事已高，手眼都不靈了，只管試試看。老婦先用火把一片生薑烘熱，然後把它放在我的耳珠上磨擦一會，再拈來一枝針放在火上消毒，之後用它來刺穿我的耳珠，那一刻，我只好強忍着眼淚。穿了耳洞之後，老婦便替我戴上一對 K 金耳環。她說往後幾天傷口會流膿，囑咐媽媽每天要在我的耳洞周圍塗上些生油。而我，戴着那對新耳環，就這麼哭哭啼啼地被媽媽牽着回家。

　　時光匆匆飛逝了五十多年，當年關前正街上的那家金舖已
被拆掉，今天雖然剩下的只是一片長滿野草的荒地，但當年那
一幕穿耳的情景，至今依然歷歷如在目前。

花 王 堂 前 地 與 聖 安 多 尼 堂

　　聖安多尼堂就座落在花正堂前地，與我們的新校舍為鄰，是我每天上學和回家的必經之地。很多澳門人和葡國人都選擇在這聖堂舉行婚禮，由於新娘手持鮮花的習俗，以及外國婚禮多以鮮花裝飾，故聖堂出現一片花海，因此華人稱之為「花王堂」。教堂奉出生於葡萄牙的聖人聖安多尼為主保，每年六月都舉行聖安多尼聖像遊行。

　　我們舊校舍雖有自己的教堂，但有時修女也會帶我們到聖安多尼堂去。五年級時我決定洗禮，學校安排所有準備洗禮的同學，齊集在聖安多尼堂參加集體洗禮儀式。

　　洗禮之前的準備是要熟讀一本以問答形式寫成的《要理》，由修女提問書中問題，大部份都能作答，才算通過。洗禮的前一天，學校安排同學在舊校舍睡一晚，以便早上參加洗禮儀式。由於媽媽不允許我在學校留宿，所以我就要在洗禮的當天，一大早趕到學校集合。與我一起領洗的，還有同班同學月梅。

　　那天我披上了一襲白色的頭紗，參與洗禮儀式，正式受洗成為天主教徒，聖名是瑪利亞・德肋撒（Maria Teresa），代母是甘錫洋小姐，她是在培貞中學部剛畢業的一位學長。代母祝

福過我之後，還送了一份禮物給我，那是一幅耶穌與十二門徒最後晚餐的掛畫。其後，代母陪我參加了幾次在聖安多尼堂舉行的週日彌撒，不久她在香港找到工作，便遷居到香港去了。

　　過了一年，我也隨家人移居到香港去。有一次在港澳碼頭等待領回港證時，遇上了劉英德校長和幾位修女，她們也坐在那裡等領證。劉校長見到我，緊緊地握着我的雙手，關懷備至地垂詢我在香港的生活和讀書的情況，她還說近來身體不大好，所以要在修女陪同下來香港就醫。她送給我一串唸珠，囑我為她唸經和祈禱。可是她哪裡知道，我到了香港之後，就沒怎樣上過教堂，連〈聖母玫瑰經〉，也忘記得差不多了。

東方戲院

我們看戲去！

媽媽帶着我從營地大街轉入議事亭前地，走到美士基打銅像旁的那排樓房下，指着新馬路對面巷口牆上那幅巨型牆畫，對我說：

「《六月雪》，即是《竇娥冤》；六月飛霜，有冤情呀！」之後牽着我橫過新馬路，步上東方斜巷，到東方戲院看正在上映，由芳艷芬、任劍輝主演的《六月雪》。這是小時候媽媽帶我去看的第一套粵語古裝片。東方斜巷巷口那幅高牆，畫的是東方戲院的電影宣傳廣告畫，只要途經新馬路時留意一下，就知道東方戲院正在上映着什麼影片了。

東方戲院是媽媽經常帶我去的戲院，它的入口是圓形的。一進門，只見大堂左邊是售票處，右邊牆壁是排玻璃箱，箱內貼上「即日放映」和「不日放映」兩種戲碼的劇照，中間是檢票入場的入口。進了門，媽媽通常是先到右邊看劇照，然後再到左邊售票處購票。戲票的票價分為大堂前座、中座、後座、超等或樓座，媽媽最喜歡買中座，因為價錢適中。當時電影的放映時間分為日夜三場：日場下午兩點半；夜場晚上七點半，

叫做頭場，九點半叫做二場或尾場。媽媽多是在晚飯後帶我去看頭場的，因為二場的散場時間是深夜十一時以後，對於一個小孩來說，是太晚了。

　　那時戲院進場，大人才需要買票。一個大人憑着自己的一張票，便可帶同自己的孩子一起進去。有些沒錢看戲的小孩，都會在入場時，在檢票口央求一些大人帶同他們一起進去。一般來說，這些大人都很樂意帶他們進去的，而檢票的職員，一般也是很通融的。我曾見過有大人帶上三、四個不認識的小孩一起進去，檢票員也沒怎樣阻攔的。進場之後，這些跟着大人進來的小孩，就要各自找地方看戲了。他們多坐在通道的兩邊，或是階梯旁，只要沒有阻擋到別人的視線，帶位的職員也沒怎樣理會他們。

　　進場後，可以在入口不遠處看到一疊免費供觀眾取閱的單張，叫做「戲橋」[1]，也就是該部電影的劇情大綱。「戲橋」是以報紙般紙質用紅色或黑色油墨印成的小單張，觀眾可以在座位上等待電影開映時大略看看，先了解劇情。

1　戲橋：橋讀陰上聲，或稱「本事」，介紹電影劇情和演員的單張。

　　我與媽媽憑一張票進場,只有一個位子。我是經常坐在媽媽的膝蓋上,有時坐在椅子的扶手上,又或是站着。只見影片中的芳艷芬和任劍輝又唱又做,那時四、五歲的我,沒聽懂他們在唱什麼,但回到家裡,卻披上大毛巾,把床當作是戲台,終日模仿芳艷芬的做手和眼神來扮花旦,十分得意。

　　媽媽是芳艷芬迷,我跟媽媽到東方戲院看了好幾部由芳艷芬和任劍輝主演的粵語古裝片,除了《六月雪》外,還有《洛神》、《梁祝恨史》和《一枝紅艷露凝香》等。

清 平 戲 院

「我們看戲去!」姓黎那一戶人家的三個孩子向他們的嫲嫲嚷着。

那時電影上映叫做「上畫」,每次清平戲院有新片上畫,阿扁都會興高采烈地跑回家告訴她的弟妹。

「是古裝還是時裝?」弟弟阿坤就興奮地問。

「是黑白還是彩色?」妹妹阿鳳也好奇地問。

那時粵語片仍以黑白為主,伊士曼七彩闊銀幕的電影,就特別受觀眾歡迎。

清平戲院離我家最近,是姓黎那幾個孩子經常流連的地方。他們三姊弟的年齡由八、九歲到十三、四歲,都能看懂影片的內容了,不像我,那時才四、五歲,看戲時要不停地問媽媽:「這是什麼?」「他們在做什麼?」到電影看完了,還是沒看懂。

現在想起來，那些電影的對象全是成人，少有為兒童製作的，像我這樣一個四、五歲的小孩，當然是看不懂了。直至有一套適合小朋友看的，由馮寶寶主演的《夜光杯》上映了，我興奮地叫媽媽帶我去看，可是那時媽媽正忙着在爐石塘開檔，任憑我怎樣啼哭，她也沒法帶我去看，這可說是我小時候的一椿憾事。

爸爸甚少和我們一起去看電影，因為他對看粵語片沒多大興趣。他帶我到清平戲院看過的唯一一套影片，是長春電影製片廠攝製，由黃婉秋主演的《劉三姐》。那時媽媽過了香港，爸爸在家帶我。他翻開報紙看電影廣告，然後對我說：

「帶你去看《劉三姐》吧！」

我記得那是套彩色電影，有個很漂亮的女孩叫做劉三姐。劉三姐唱了很多歌，電影後段又見到一大幫人追追跑跑的。他們講的不知道是什麼話，我完全聽不懂，後來長大了，才知道那叫做國語。

　　清平戲院旁邊有間涼茶舖叫做「三丫苦涼茶」，門外放着
幾幀黑白的粵劇名伶照片，我最記得的，還是那幅半日安[1]的照
片。清平戲院在一九九二年結業之後，那間三丫苦涼茶和那幀
半日安的肖像，還在繼續見證着清平直街的興衰。

平安戲院和域多利戲院

第一套西片，是爸爸帶我到平安戲院看的，電影叫做《633敢死隊》，由奇里夫羅拔遜主演。西片有中文字幕幫助觀眾瞭解劇情，那時幼小的我，既聽不懂英語，又不會看字幕，只記得影片中飛機大砲震天價響的轟炸聲，以及空軍在飛機上殲敵的壯烈場面。爸爸喜歡看西片的原因，是因為他覺得西片拍得嚴謹和迫真。

爸爸的大排檔逢年過節都會休息的，那時爸爸就會帶我們到平安戲院看西片。平安戲院就在議事亭前地郵政總局的對面，我們通常會提早到戲院，先在郵政總局旁的噴水池和花圃的坐椅上休憩一會，等到可以入場時，才橫過新馬路進入戲院。

記得柯德莉夏萍主演的《窈窕淑女》，也是在平安戲院上映的。那時流行一種叫做「夏萍裝」的髮型，少女們往理髮店，都會叫師傅幫忙剪個「夏萍裝」。所謂「夏萍裝」，就是模仿柯德莉夏萍的一頭清爽脫俗的短髮。

　　在平安戲院看過的，還有一套由蘇菲亞羅蘭主演的《昨日、今日、明日》。辛康納利主演的鐵金剛 007 電影，都在平安戲院放映，打從第一套《鐵金剛勇破神秘島》開始，往後的鐵金剛影片，我們一套都沒有放過。

　　域多利戲院在新馬路與營地大街交界，它是澳門的第一間戲院，主要上映歐美影片。我印象最深刻的，是在那裡看到由妮坦妮活主演的《夢斷城西》。片中男女主角初會，在鐵欄杆陽台上合唱的那首歌名叫做《今夜》的主題曲，至今還令人蕩氣迴腸。

國 華 戲 院 與 邵 氏 電 影

　　國華戲院就在板樟堂街上，圓拱形的大門，門框、窗框皆漆上紅色，只要踏上幾級石階，便可穿過大門進入大堂，大堂樓高寬敞，很有氣勢。那時國華戲院上映的，都是邵氏公司[1]的影片，綜藝體弧形闊銀幕，開映前的片頭，必定打出一個「邵氏出品，必屬佳片」的金漆招牌廣告。

　　我在國華戲院看的第一套電影，是李麗華主演的《武則天》，是邵氏第一部寬銀幕彩色古裝片，那是媽媽帶我去看的，之後媽媽又帶我去看了林黛主演的《王昭君》。

　　打從小學二、三年級開始，我便經常與姐姐結伴到國華戲院看邵氏電影，幾乎一套都沒錯過，可以說是跟隨着邵氏電影成長的。那時邵氏的黃梅調影片大行其道：林黛、趙雷的《江山美人》；凌波、樂蒂的《梁山伯與祝英台》；凌波、方盈的《七仙女》；凌波、李菁的《魚美人》等，又唱又做，都令我們看得如醉如痴。秦萍、王羽連續合作過幾部武俠片包括《鴛鴦劍俠》、《江湖奇俠》、《虎俠殲仇》、《邊城三俠》、《琴劍恩仇》和《斷腸劍》，這對鴛鴦劍俠成了當時萬千觀眾的偶像。

1　邵氏公司：全稱邵氏兄弟（香港）有限公司。

文藝片如林黛的《不了情》、《藍與黑》；葉楓的《痴情淚》；胡燕妮的《何日君再來》；何莉莉的《船》和方盈的《寒煙翠》等，都令觀眾看得蕩氣迴腸。歌舞片如林黛、陳厚的《花團錦簇》；樂蒂、陳厚的《萬花迎春》；邢慧、喬莊的《歡樂青春》；鄭佩佩、何莉莉、秦萍的《香江花月夜》；陳厚、李菁的《花月良宵》等，歌舞場面賞心悅目，令人看得心花怒放、目不暇給。

　　每月的頭幾天，我與姐姐必定一起夾錢到新馬路上的報攤，去買本剛出版的《南國電影》，拿着它樂孜孜地跑回家看。《南國電影》是邵氏公司定期出版的一本官方電影雜誌，主要以女明星作封面，內容都是關於邵氏公司及其明星的動態，包括電影拍攝的花絮、明星的生活點滴等等，讓影迷透過雜誌，獲得最新的電影情報，和知道一些明星消息。雜誌每期都有猜謎印花，答中者可以得到邵氏明星簽名照片一張。我就收集了明星照一大疊，擁着它天天在發明星夢，邵氏群星伴着我成長。除了《南國電影》，邵氏後來又出版了一本《香港影畫》。

　　邵氏明星拍片和生活的地方都在邵氏影城[2]，我一九六七年移居香港之後，終於有機會進入邵氏影城參觀。那天參觀的攝影棚正在拍攝王羽主演的《獨臂刀》，剛拍完一個鏡頭休息，大導演張徹坐在導演椅上，王羽坐在他旁邊，正在研究劇情。王羽看到我們一隊參觀者進來，都一一和我們握手，並且給我們簽名留念。那天在影城見到的邵氏明星還有何莉莉、鄭佩佩、岳華和沈依。

2　邵氏影城：位於清水灣地段，1965 年正式完工，是當時華語影圈中規模最龐大的荷里活式製片場。

澳門綠邨廣播電台

　　有一天早上醒來，看到床頭那個五桶櫃上，有個方盒子，正在發出聲音來。我好奇地去問媽媽，媽媽說這是一部收音機，再問她為什麼會有人在說話，媽媽笑着說因為收音機裡面有個人。我打量着這麼一個方盒子，怎麼能躲藏着一個人在裡面，心裡半信半疑半帶驚恐，因為這個收音機就放在我們的床邊，我害怕有一天，裡面那個人會突然跑出來……

　　小時候沒有電視，人們的日常娛樂，就來自一部收音機。可是，也不是每個家庭都有能力買一部收音機的，像我們這四家人當中，就只有我們這一家擁有一部收音機。

　　媽媽最常收聽的有兩個電台：一個是澳門綠邨廣播電台，一個是香港商業電台。媽媽最喜歡聽收音機播放的時代曲，我們經常聽到的有方靜音、董佩佩、吳鶯音、姚莉、張露、江玲、崔萍和潘秀瓊的歌聲。我第一首聽到的國語時代曲是方靜音的《香蕉船》和江玲的《齊力向前航》。爸爸就喜歡聽南音[1]，以及何非凡、徐柳仙、洗劍麗和鍾雲山唱的粵曲。我就最喜歡聽

1　南音：香港和珠江三角洲一種以廣州話表演的傳統說唱音樂，始於清末。（維基百科）

梁醒波的《光棍姻緣》、《呆佬拜壽》和他與芳艷芬合唱的《嫁唔嫁》。

那時香港商業電台有個《時代曲點唱》節目，由丁櫻擔任主持。那時的點唱，當然不是像今天我們可以直接打電話到電台點歌，而是要預先寄一封信到電台，寫明要點哪首歌，以及點給什麼人聽。電台收到信後，才會在節目中播歌和讀出點唱人的名字。媽媽最喜歡點唱，當聽到播音員讀出她點的歌曲時，我們就興奮不已。

上了小學之後，每天中午學校午膳時間，在回家的路上，都會聽到大街小巷的收音機播放着祝壽祝婚點唱，傳來了姚莉唱祝婚曲《喜臨門》的甜美歌聲：

「今日良辰美景，花紅柳綠成蔭，風和日暖好天氣，春宵洞房多旖旎。……」走在碎石路上，我也隨着她的歌聲，踏着輕快的步子回家了。

　　我最喜歡放學後聽商台下午五時由何詠琴姐姐主持的《兒童故事》。到了下午六時，我往爐石塘幫爸爸開檔的途中，正是綠邨電台諧劇的播出時間，大街小巷，家家戶戶都扭開收音機在收聽梁送風的諧劇。梁送風以超卓的口技，一人扮演男女老幼八九種不同聲調，維肖維妙，而故事則滑稽惹笑，詼諧百出，風靡了不少聽眾。

　　那時商業電台的廣播劇如《大丈夫日記》、《薔薇之戀》、《痴情淚》以及李我講述的《天空小說》，都是家傳戶曉，深受市民歡迎的。六十年代商台一班皇牌播音員包括有尹芳玲、林彬、馮展平、楊廣培、莫佩文、黃宗保、金剛、翠碧和丁櫻等，都是廣大聽眾所熟悉的。

　　綠邨電台有個兒童節目，由希中姐姐主持，會請些小朋友在節目中唱歌和講故事。小學三年級時，我寄了封信去報名，之後收到回信，約我到綠邨電台錄音，於是我就找了同班同學月梅和嘉娜，一起與我到綠邨電台去。那天小朋友在錄音室裡等候錄音時吵得很，希中姐姐有點生氣了，給我們一頓訓話。

我們表演的是沒有音樂伴奏的合唱，唱的是學校音樂堂譚老師教的一首歌，歌名我忘記了，只記得那首歌的開頭兩句是：「黃金似的年華虛度過，到今天衰老才知悔過，……」

祝 君 早 安

　　小時候，一層樓裡面分別由幾家人租住，廚房是各家共用的，沒有獨立衛生間。早上洗臉漱口，要拿個面盆到廚房的大水缸用水瓢舀些水，然後回房間梳洗。

　　我們的房間，近門口的角落放置了一個半身高的面盆架，架上放了個搪瓷面盆，牆上掛着一面小圓鏡，圓鏡兩旁分別掛着兩條雪白的底色、藍色壓邊的洗臉毛巾。當你把毛巾放進盆裡泡一泡水，然後扭乾，打開毛巾時，必定看到毛巾下面鮮紅色的「祝君早安」四個字。這條白底紅字的「祝君早安」毛巾，是很多人早起第一件使用的物品，一句「祝君早安」所傳達的溫和、親切和暖意，是晨起時最動聽的祝福語。

　　我們在爐石塘上熟食大排檔的客人，有些慣常自己帶備啤酒或燒酒同來，然後再點菜，名副其實地美酒佳餚一番的；有些則點了菜後見到有餚無酒，便着我們代買瓶啤酒回來。一聽到有客人要買啤酒，不待媽媽叫喚，我已經趕緊跑過來，準備做跑腿了。當我拿過客人給的錢後，便飛奔到對面益和顏料旁邊那個賣香煙和啤酒汽水的小檔，代客買啤酒去。

　　那時我的身高還不及櫃枱，要踏上一塊小木板踮起腳尖，才能看到汽水櫃內泡在冰水裡的各式汽水和啤酒。那時最受歡迎的啤酒，是廣告上宣傳，用嶗山礦泉水釀製的「青島啤酒」。大熱天，捧着一瓶剛從冰櫃裡取出來的青島啤酒，那股涼氣，就直滲入心脾，真的來個透心涼了。

　　媽媽替客人打開了青島啤酒的瓶蓋後，便會把蓋子收起來，積累到了一大包時，便會叫我把瓶蓋拿到「新中行」[1]去換毛巾。我一聽到媽媽叫我去新中行，便高興得不得了。我最最喜歡這份差事，因為我可以乘機開小差，到高尾街去了。

　　我從草堆街行上高尾街。高尾街是一條狹長的斜坡，由街頭到街尾，都是些小商店，有賣衫裙皮鞋、皮包手袋、香水絲襪、頸鍊首飾、絲帶毛冷的。這些東西對於一個像我這樣小小年紀的女孩，是太成熟了點，但我就是喜歡駐足在這些店舖的玻璃窗櫥前凝視好半天，幻想着自己正穿上那條在玻璃窗櫥裡的漂亮裙子，戴着那串閃亮晶瑩的頸鍊和釘滿亮晶晶珠片的手袋，再穿上那雙高跟鞋，飄然地漫步離去。

1　新中行：青島啤酒總代理，六十年代位於議事亭前地。

　　離開了高尾街，經賣草地街行上議事亭前地，就見到新中行。那時我只有五、六歲，還沒有櫃枱高，同樣要踮起腳尖，並高舉雙手，才能把媽媽那包青島啤酒瓶蓋遞上櫃枱。店員接過瓶蓋，仔細地全部數一遍，計算可以換取多少條毛巾，把它包好後，就交給我了。我接過那一大包「祝君早安」，跨出了新中行的大門，便沿着營地大街，歡快地連蹦帶跳跑回家把它交給了媽媽。

過　年

　　小時候，從年頭盼到年尾，就是盼過年。過年有新衣新鞋穿、有好東西吃、有紅包領，玩過頭也不會被媽媽責罰……，這一切一切，都是平日無法享受到的。

　　為了迎接新年的來臨，臘月一到，我們同一層樓的幾戶人家便忙着做各種準備：辦年貨、大掃除，共同洗刷廚房準備謝灶，是件大事。

　　我們住的都是板間房，那時大家都會買些很大張的花紙回來貼滿牆，讓自己的房間煥然一新。我跟着媽媽到明生紙號買那些貼牆的大花紙，買回家後，媽媽要先煮一大碗漿糊，然後用一個大掃，蘸上漿糊掃在花紙背面，一張一張的依次貼上牆。完工後，就好像為自己的房間換上一件新裝一樣，我那時就高興得拍着手蹦跳起來。

　　準備過年，我也有一個任務，就是幫爸媽包紅包，把硬幣逐一放入一個個的紅封套裡。那時一個紅包裡放的是一、二毫子。

　　大年初一，家家戶戶都互相恭喜和發紅包給小孩，那是我最開心的時刻了。爸媽給我發紅包時就會說：「你又長大一歲了。」穿上了新衣，爸爸就帶我們去飲早茶。一路上都見到小孩們在巷子裡和路邊燃放爆竹，爆竹聲此起彼落，到處都閃出火花，也有小孩玩擦地炮，發出劈劈啪啪的聲響。

　　到了年初二開年，人們就把一大串的鞭炮，一口氣地把它放完。我們住在二樓，媽媽會先從窗口探頭往下望，等到沒有人了，便會大聲喊：「燒炮仗啦！」隨即燃起繫在窗檻外垂下來的一串鞭炮，讓它劈哩啪啦地從空中落到地上燒着。鞭炮放得響，整年都興旺。

　　從廣州到澳門過的第一個農曆新年是豬年。過年前的大除夕，爸媽帶我到新馬路上那間「中國國貨公司」買了件紅緞嵌金絲的滾邊小棉襖，還在玩具部買了隻布大象給我。到了大年初一，穿着件新棉襖，抱着隻布大象，爸媽帶我到影樓照了張肖像相。

　　新馬路上那間「中國國貨公司」不知是何時結業的，離開
澳門後，每回返澳行經那處，我怎麼就彷彿見到一個小女孩，
抱着隻布大象，穿着件金紅相襯的滾邊小棉襖，被爸媽牽着手
從店裡走出來，頓時沉浸在恍如昨日的童年情景中。

玩具

　　爐石塘上有個流動的玩具檔，檔主是個臉上常帶笑容的大嬸。玩具檔架子上放着公仔紙、波子、啪啪紙、搖搖、積木、洋娃娃、水槍和汽車等小玩具。一天爸爸牽着我路過這個玩具檔時，我就停了下來不肯走，拿起了一台木製的小鋼琴，捨不得放下。爸爸微笑點頭，付過錢，我便挽着小鋼琴回家。一回到家裡，我就急不及待用小手指來回敲打着琴鍵，聽到八個音階叮叮咚咚的聲音，真的樂極了。

　　小時候喜歡玩洋娃娃。有一次媽媽告訴我，有一個會睡覺、會睜開眼睛和會叫媽媽的洋娃娃，在香港才可買到。到爸爸去香港時，他就答應給我買一個回來。從他離開澳門到香港那天，我就天天盼着他回來。等到爸爸回來了，他一踏進家門，我就抓住他的衣角問：「我的洋娃娃呢？」爸爸從行李中取出一個穿着一套紅色洋裝，戴着一頂紅帽子，和初生嬰兒一般大小的洋娃娃給我。她有長長的黑睫毛、紅紅的嘴唇和粉色的雙頰。平放着，她就閉着眼睛在睡覺；讓她站起來，她便睜開眼睛；用手指在娃娃的胸前一按，她就會發出「媽」的一聲來。以前我每天要媽媽給我個枕頭孭在背上，有了這個洋娃娃之後，我就抱着她哄她睡覺，或是孭着她在背上，還帶着她跟爸媽上茶樓，儼然成為她的媽媽了。

　　那個曾送我兩枝日本公仔墨水筆的客人伯伯，後來又送了我一個不倒翁和一組俄羅斯套娃娃。我既喜歡那不倒翁怎麼推它也不會倒，又喜歡那圓柱形穿着俄羅斯服裝姑娘的空心木娃娃，由大到小、又由小到大，一個套一個地有趣好玩。

　　我喜歡把玩不厭的小玩具，偷偷地藏在媽媽繫在四輪車仔邊上放雜物的一個小籐籃裡，想玩的時候就拿出來玩。有斷了腿的娃娃、折了翼的蜻蜓、掉了眼珠子的金魚，還有洩了氣的小皮球……。那些散失不全的飛行棋子、皺折得再也拍不起來的公仔紙、火柴盒、汽水瓶蓋（那時又叫做荷蘭水蓋）、黑色的六神丸小瓶子，以及八字鬍子仁丹的銀色小圓珠子，也統統是我的寶貝。有一天媽媽清理雜物，發現小籐籃裡塞滿了我的小玩具，生氣得很，一面責罵我，一面把小玩具一件一件地抖出來，引來了好幾個小朋友過來圍觀。我木雞似地立在那兒，凝視着那些小玩具，只好低着頭默不作聲。媽媽指着那些小玩具厲聲地說：

　　「不就是些破舊不堪的小東西，不許留着！」接着便把我那些心愛的小玩具一件一件的丟掉。那一刻，我雖然不敢作聲，心裡卻是難過得很。泡水館的喊包四站在我邊上，皺着眉，一

隻手指頭塞進嘴裡，眼睜睜的望着噙着淚水的我，也幫不上一點忙。

今天回想起來，媽媽那時大概還不知道有這麼一句話叫做「玩具是兒童的天使」[1]吧。

1　「玩具是兒童的天使」：著名作家魯迅先生的《風箏》中提到：「遊戲是兒童最正當的行為，玩具是兒童的天使。」

落 雨 收 衫

　　小時候媽媽洗衫，需要三樣東西：一個木盆、一塊洗衫板和一塊勞工梘[1]。她先把髒衣服放進木盆裡泡一下水，然後把洗衫板斜放在木盆中，把衣服放在洗衫板上，用勞工梘在衣服上來回刷幾次至起泡後，便用雙手拿着衣服在洗衫板上來回搓洗。媽媽就是這樣，用洗衫板，把一家大小的髒衣服搓洗得乾乾淨淨。

　　用清水把衣服過淨扭乾後，媽媽就拿出衣裳竹來，一頭放在窗臺上，一頭落在我的肩膀上，把衣服一件一件套在竹竿上，然後雙手用力一舉，衣裳竹穿過窗子，兩頭擱在窗外的晾衣架上，讓衣服在太陽下晾乾。

　　「落雨呀！收衫啦！」天快要下雨，或雨點嘩啦嘩啦地落下來時，就聽到左鄰右舍在互相呼喊着。

　　衣服晾乾後，媽媽就會揀些比較體面的，用熨斗來熨一熨。那是一個漆黑空心的燒炭熨斗，媽媽先用火鉗把在火爐裡燒紅了的木炭夾起來，放進空心的熨斗，隨即端來一碗水，待熨斗

1　勞工梘：五、六十年代一般婦女普遍用的洗衣皂。

燙熱了，就捧起碗來呷一大口水，噴在衣服上，然後才開始熨衣服，熨時還要不斷加炭，真是忙碌得很。

如果想衣服不用熨也可以穿起來堅挺硬直的話，就要經過一個「漿衫」的程序。那就是把衣服加漿（鷹粟粉加水）浸洗，用手扭乾後晾在衣架上，衣服曬乾時，就變得硬身筆挺了。我與姐姐的校服裙，就是經過漿衫的程序而顯得整潔硬挺的。

衣服經過自己雙手洗滌、漿熨後再穿回自己的身上，總是多了一份相互接觸的親密感情。衣服穿破後，又會一針一線地縫補，到補無可補要丟棄時，又會被用來做擦地的抹布，一件衣服就這樣走完了它服務人類的多個旅程。後來有了洗衣機，把髒衣服一丟丟進機器後一按鈕，再放進乾衣機烘乾，沒等到衣服穿破穿舊，只要款式稍為過時了，就把它丟棄或扔進舊衣回收箱裡的人們，是沒法體驗得到我們那個年代與衣服所建立的親密感情的。

肥皂和洗衣粉

　　小時候常用的肥皂有三種：洗衫用的勞工梘、洗臉和洗澡用的國產蜂花檀香梘、以及外國牌子茄士咩棕欖香梘。

　　那時還沒有洗衣機，洗衫只靠一塊洗衫板加上一塊勞工梘，後來聽到收音機傳來兩首廣告歌。一首是：

　　「新奇！新奇！洗衣粉。月老牌！月老牌！新奇洗衣粉。洗得靚，更潔白，慳水又慳力。請用月老牌，新奇洗衣粉喇喇喇！」另外一首是：

　　「快潔！快潔！快潔洗粉。洗衫洗得最乾淨，乾淨乾淨好乾淨，潔白潔白好潔白，快潔洗粉！」

　　媽媽聽了這兩首廣告歌後，便抱着好奇心去買了一盒「新奇洗衣粉」回來。我見到媽媽看着那麼一個方盒子，先要研究盒子是怎樣打開的。原來要依着盒邊的虛線用剪刀剪出一個小洞，輕輕一搖，洗衣粉就由這個洞口流出來。媽媽把洗衣粉倒進盆裡，見到有好多泡泡跑出來，真的新奇得很，引來了同住的那些媽媽都跑過來圍觀，大家都嘖嘖稱奇。不過當時洗衣粉也不是人人買得起，還是一塊肥皂來得便宜。

　　那時幼小的我，每次媽媽說要替我洗澡時，我都哭着，因為怕被放進盛滿水的大木盆裡。媽媽就會拿出一塊檀香梘來哄我：「檀香梘，好香啊！」我嗅嗅它，真的好香，也就不哭了。後來媽媽也學時麾，買美國高露潔公司出品的茄士咩棕欖香梘，那是一塊有着清香氣味的綠色香皂。

　　我一直最喜歡的，還是檀香梘芬芳的香味。它以天然檀香木為基調，隱隱飄逸着茉莉花香和柑橘果香。打開包裝紙，把香皂拿出來後，包裝紙還留着一股濃郁的香味。這些包裝紙我都捨不得丟掉，我把它們收起來，夾進課本裡，好讓它的香氣溢滿我的書包。

辮子和丫角髻

　　小時候一頭烏亮的長髮，每天早上起來刷牙洗臉後，還是睡眼惺忪的時候，母親總要問我一個同樣的問題：

「你今天要梳什麼？辮子、丫角髻還是馬尾？」

　　那時才四歲的我，總是胡亂地說一個。跟着，母親就會讓我坐在小板櫈上，兩條大腿把我夾在中間，然後從她身旁那個四方的月餅鐵盒子中，取出了一把小木梳，把我的頭髮先梳理整齊。如果是梳辮子，就會仔細地在前額正中，把頭髮均勻的分成了兩份，用橡皮筋分別紮好，便左右地編起兩條小辮子來，看到兩邊都均稱了，就用絲帶在辮子的頭尾各紮上小小的蝴蝶結。如果是梳丫角髻，就將頭髮綰成兩個髻結，分盤在頭頂左右兩側，兩邊都整齊了，就拿面小圓鏡給我照照。如果是紮馬尾，那就簡單得多了，將頭髮梳向腦後勺，紮成一個高高的馬尾，用橡皮筋束緊後再用絲帶結一個大蝴蝶結，不知有多漂亮，那時我的頭就故意地左右搖擺着，模仿馬兒在甩尾巴。

　　母親替我梳辮子時，我最大的享受，就是坐在小板櫈上，靠在母親懷裡，讓她的小木梳，滑呀滑的，從我的頭頂滑落到髮梢。隔壁的阿鳳偶爾也會走過來，她也端張小板櫈坐在我們邊上，看母親替我梳辮子。

　　「她再長大些，我就帶她去電髮。」母親對她說。

　　就這樣，母親每天替我梳辮子、梳丫角髻或紮馬尾，直到我進入了一所天主教小學，被嚴厲的校長要求我把長頭髮剪掉，跟其他同學看齊，蓄一律的短髮。

　　七十年代重返母校，看到舊校舍已被拆卸，原址改建成一幢新型的多層式大廈。我楞住了，當我呆呆地站在那裡，心裡說不出是什麼滋味兒，抱着失落的心情在沉思追憶的時候，身邊的小女兒卻拉着我的手說：

　　「媽媽，站在這裡看什麼？我們走吧！」

　　我低頭一看，赫然發現我小時候那一頭烏亮的長髮，竟長在小女兒的頭上。她那兩條繫着桃紅色絲帶的小辮子，不就是當年母親替我梳的一模一樣麼？

兒 戲 和 童 玩

小時候，沒什麼玩具，小朋友聚在一起，玩的是群體遊戲。我們玩麻鷹捉雞仔、火燒後欄、點指兵兵、伏匿匿（捉迷藏）、猜皇帝、紅綠燈、何濟公、猜澄鋹（包剪揼）、估領袖、十字界豆腐、火車穿山窿、糖黐豆、大風吹、跳飛機等，是完全不需要用玩具的。

用極普通的物料、用具或者廢物利用，我們可以玩摸盲盲（耍盲雞）、丟手帕、爭櫈仔、跳繩、扯大纜（拔河）、踢毽子、煮飯仔、挑香雞、騎竹馬，甚至披條大毛巾來做大戲，都是樂趣無窮的玩意。

自製玩具有跳橡筋繩、抓子、竹蜻蜓、射橡皮筋、摺紙、東南西北、麵粉公仔（捏麵人）、劈啪筒、傳聲筒、肥皂泡、紙青蛙等。用極廉價的小玩具，我們可以玩拍公仔紙、啪啪紙、打波子、玩搖搖、轉陀螺、放紙鳶、搖鼓、換紙公仔衫等。

常玩的棋玩就要數飛行棋、鬥獸棋、象棋和波子棋了。甚至在空地上追趕跑跳，也可以玩上大半天，小朋友之間的友誼，亦由此建立起來。這些都是最原始，又最具人情味的兒時歡樂。

童年　憶舊　話澳門

我小時候最最喜歡收集各種的小玩藝兒，特別是各種式樣的戒指。有一天黃昏，我坐在爐石塘上四輪車仔前的長櫈上，打開了一個從家裡帶出來的圓形紅色盒子，欣賞着收集了一整年不同式樣的戒指：有的光是一枚鑽石指環、有的是銀色的指環上配粒心形的鑽石、有的則是金指環上鑲嵌着寶石或珍珠，雖然都是假的，卻全都亮晶晶的有紅色、藍色、綠色、紫色……。

這時有個比我大一兩歲的小女孩經過，在背後凝視着我的「鑽戒」盒子，好生羨慕。她坐上我的長櫈，央求我把盒子借給她帶回家慢慢欣賞，說看完後就立刻還給我。我起初不肯，但經不起她的苦苦央求，便把盒子交給她，讓她帶回家去細看。她拿過盒子，抱在懷裡，便歡喜地跑回十八間那條小巷子的家裡去。

之後我跑到泡水館去玩了一會兒，回來後便坐在四輪車仔的長櫈上，盼着那小女孩把盒子捧回來。可是從黃昏等到天黑，卻一直未見她的身影。我深感不妙，便趕緊去告訴媽媽。媽媽說她認識那小女孩的媽媽，見到她時會去跟她說說。過了一會兒，小女孩的媽媽從外面回來，正要返回巷子，媽媽便上前把紅盒

子的事告訴她。小女孩的媽媽答應馬上回家去問她的女兒,並會把盒子拿回來給我。過了好一會,小女孩的媽媽從巷子裡走過來,面有難色,告訴媽媽說她剛才狠狠地把她的女兒打了一頓,但她還是不肯把盒子交出來,她也沒什麼法子,只能表達歉意。媽媽無奈地謝過了她,只好回過頭來安撫正在哭泣的我。

歲月悠悠,那個無法再要回來,裝滿亮晶晶玩藝兒戒指的紅盒子,直到今天,依然完整地留在我的記憶中。

童年‧憶舊‧話澳門

補 破 爛

　　上學的皮鞋穿破了，鞋尖上有個窟窿，大拇趾翹了出來。媽媽給我兩毫子，囑我放學後到花王堂斜巷那家補鞋店，把它補一補。那時我還是個幼稚園的小小學生。

　　那是一家小小的補鞋店，漆黑的店中央有一台補鞋的機器，機器後面，坐着一對年老的夫婦，正在低頭忙着補鞋。旁邊放了兩張小板櫈，給那些等補鞋的顧客坐下來候着，補鞋伯伯叫我坐下來等一會兒。

　　那些待補的鞋，在伯伯的補鞋機旁邊堆得滿滿的，可見願意補鞋的，比願意買新鞋的顧客多。說是坐一會兒，竟就坐了近一小時。補鞋伯伯終於叫我過去了，我把破鞋遞給伯伯，他老花眼鏡架在鼻尖上，瞧了瞧，便把鞋放在補鞋機上。只見他踩動踏板，隆隆隆地，不一會，鞋子的缺口縫合了。他把鞋子遞過來給我，我把媽媽給的兩毫子遞給他，伯伯找回斗零給我。我穿着那補好了的皮鞋，大拇趾再沒翹出來了。

　　我們那個年代，物資匱乏，東西破掉的、爛掉的，都是靠
着縫縫補補，來延長它的使用期。路邊有的是補鞋、補傘、補
蓆和補鑊的街頭工匠。那些銅銅鐵鐵的煲煲罉罉，破爛到無法
再補了，便等着「收買爛銅爛鐵」的收買佬經過巷子時，拿去
給他換錢。

　　經常看到媽媽拿着針線為我們縫縫補補。衣服破了洞，拿
塊碎布打補丁；那處脫了線，就一針一線地仔細縫合起來，期
望的是舊衣服能再多穿個一年半載。

夜 宴

　　有個雞鴨欄的檔主做壽，送來了一張請柬，爸媽因要開檔無法抽身赴宴，便派我和姐姐做代表。

　　那天放學回家，趕忙把功課做好，接近六時，媽媽一面忙着準備晚上開檔的東西，一面催促着我和姐姐快點出門不要遲到。因為擔心小孩赴宴會被拒諸門外，我把請柬也帶在身上。請柬上的地址是：海邊新街某某號。

　　天色已漸晚，十月初五街上的店舖已紛紛亮起燈來，整條街燈火通明，但一轉入海邊新街，情況就不同了，那是條烏燈黑火的小街。數着門牌一家一戶的走下去，終於來到了一戶亮着燈火的人家門前，正門大開，擺着七、八張大圓枱，牆上掛着幾幅壽帳，再對對門牌，是這家準沒錯了。

　　我與姐姐坐在靠門邊的那一枱，只見來赴宴的賓客都喜氣洋洋，恭喜之聲此起彼落，熱鬧得很。開席了，一盤一盤的熱葷從廚房裡陸續捧出來，「飲杯」之聲四起。我們那圍枱只有我和姐姐是小孩，那些大人也沒問我們來自何處，只是一直慇懃地叫我們夾菜。熱騰騰、香噴噴的菜餚一道一道地上桌，而我和姐姐也不懂得客氣，舉筷子盡情的夾，吃得肚子脹鼓鼓的。到散席時，趁着主人家忙着向賓客道謝之際，我們便悄悄地離

開了，更不懂得向主人家說聲多謝。我們走出了那條黑漆漆的海邊新街，就經草堆街回家去了。

這是我和姐姐唯一一次以小孩身份去赴的一次夜宴。

農曆新年過後不久，媽媽就會帶着外婆、姐姐和我，參加市販互助會舉辦的春茗。那是在清平直街後面一幢樓房的二樓，憑餐券入座，吃的是七、八道熱葷，宴會中段的「花燈競投」，可說是最精彩的中心節目。媽媽平日省吃儉用，可是競投花燈時就慷慨出價，直至競投成功為止。

散席時，媽媽歡喜地捧着那盞投得的大花燈回家，之後就把它高高的懸掛在天花板上，然後對我們說：

「這花燈會為我們帶來一年的好運！」

我們望着它，就天天在期盼着這一年好運的來臨。

明 星 和 月 份 牌

　　年近歲晚，很多商戶都會隨着出售商品，贈送顧客一份宣傳印刷品——月份牌。

　　月份牌，即是紙牌日曆，早期是由畫家繪畫，以美女彩畫為主，到了我成長的年代，是一幅攝製精美的女明星彩照。精美的月份牌，廣受顧客歡迎，宣傳效果甚佳。客人收到後，整年張掛在家中牆上，既可裝飾欣賞，又可查閱日期節氣，月份牌實在結合了藝術觀賞和商業實用性。除了印在紙牌上，月份牌也有印在圓形或方形鐵牌上的。

　　照片能夠被選上印在月份牌上的，都是些當紅的電影女明星，在我記憶中，國語片女星有李麗華、林黛、樂蒂、尤敏、葉楓、林翠、李湄、葛蘭、丁皓、鍾情、丁紅、凌波和李菁等。粵語片女星有丁瑩、林鳳、嘉玲、江雪、白茵、苗金鳳、陳寶珠、蕭芳芳和薛家燕等。

　　小時候我們居住的地方狹窄，掛在牆上的那個美女明星月份牌，令一個小房間滿室生輝。那個被天天看着的漂亮女明星，

與我們寢食相對，每天用她那迷人的目光、美貌與笑臉伴着我
們一家人，實在親密得很。到了歲末，日曆紙被撕盡後，月份
牌才被拿下來換上新的。除舊迎新，那時又是另一幅美麗女明
星的豔照掛上牆壁了。

《良友之聲》和《兒童樂園》

　　我們那個年代物資匱乏,兒童課外讀物寥寥可數。那時街邊公仔書檔非常普遍,堪稱街頭圖書館。喜歡看公仔書的小朋友,便到書仔檔租連環圖公仔書看,一毫子幾個籌碼,一個籌碼可以租一本書。故事精彩的連環圖如《西遊記》、《水滸傳》、《封神榜》、《神筆》、《財神》等,都深受小朋友歡迎。一本小小的連環圖足以令他們看得津津有味,書仔檔為小朋友提供了極大的閱讀樂趣,坐在街頭書仔檔的小板櫈上,就可以度過一個下午。

　　小學時我經常閱讀的課外讀物有兩本:一本是《良友之聲》,一本是《兒童樂園》。《良友之聲》是通過學校訂閱的,它是為公教學生提供的宗教讀物,對象主要是天主教的中、小學生,內容以德育、信仰為主,幫助青少年培養品德,陶冶高尚的品格。它有學生投稿園地,老師也常常鼓勵我們投稿。

　　我最喜愛的一本雜誌是《兒童樂園》,它是一本以全彩色印刷的兒童書刊,內容多元化,題材有歷史故事、世界童話、兒歌民謠、世界趣聞、名人故事、科學常識、長篇連環圖故事、謎語、遊戲、小手工和生活知識等,就像一本兒童小百科,是

一本極受小朋友歡迎的刊物。我最喜歡看〈櫻子姑娘〉、〈小圓圓〉，以及每期的〈櫻姐姐兒童信箱〉。

　　四年級時，我參加了《兒童樂園》舉辦的作文比賽，投稿獲評為佳作。園地裡有一個筆友的徵友欄，從徵友欄中，我與居住在香港的一位小朋友廖佩婷成為筆友，大家通信了一段時間，到我移居香港後，大家還真能有緣相見。

　　《兒童樂園》在一九九五年停刊，這份深受小朋友歡迎的兒童書刊，陪伴着很多小朋友度過他們的童年，當天的小讀者，今天已是中年甚至是老年人了。

兒 歌 ‧ 童 謠
（按：童謠在傳唱過程中會出現不同的版本）

上幼稚園時唱過一首《我是一個大蘋果》：

「我是一個大蘋果，個個孩子都愛我，又甜又香又好吃，面上紅紅好顏色。小朋友們常常吃個，面上像個大蘋果。」班上小朋友邊唱邊做手勢，唱到最後一句，雙手模擬捧出個大蘋果來。

一年級唱過一首《小星星》：

「一閃一閃亮晶晶，滿天都是小星星；掛在天上放光明，好像天上小眼睛。一閃一閃亮晶晶，滿天都是小星星。」

小朋友一起玩遊戲時唱的童謠，我仍記得的有：

「點指兵兵，點着誰人做大兵；點指賊賊，點着誰人做大賊。」（兵捉賊）

「劈友，劈友，快啲走！走得快，好世界，走得嚟，冇鼻哥！」

「澄銀剪、澄銀包，澄銀磨較叉燒包，老鼠唔食豆沙包！」（猜澄銀）

「大笨象，揸支槍，去打仗。打完仗，返嚟食碗辣椒醬。」

「凼凼啄啄，椰子夾酸薑，雞蛋撈埋十二樣，麻糖雞蛋黐住你隻手，問你走唔走，唔走黐住你隻手。」

「有隻雀仔跌落水，跌落水，跌落水。有隻雀仔跌落水，被水沖去。」

「河邊有隻羊，羊邊有隻象，象邊有隻馬騮仔，好似你咁樣。」

玩跳橡筋繩時，我們就會一面跳，一面唱：

「小皮球，香蕉油，那兒開花一十一；一五六，一五七，一八、一九、二十一；二五六，二五七，二八、二九、三十一；三五六，三五七，三八、三九、四十一；……一百零一。」

橡皮筋由低至高，一關一關的過，一共九關，最後一關唸到一百零一，橡皮筋都舉到頭頂了，就從頭開始再唸。

有一首在香港流行的童謠，也同時在澳門流行：

「Ａ、Ｂ、Ｃ、Ｄ、大頭綠衣[1]，捉人唔到吹BB[2]！」

1　綠衣：香港警察穿着的綠色制服。

2　BB：哨子，此處指警笛。

那是一首出自香港英殖時代的童謠，形容早期香港警察追賊的情形。記得小時候為防盜賊，大人們身上都帶個BB，叫做「銀雞」，如遇搶劫，便以「吹銀雞」作為求救的警號。

童謠，是由一代代人口耳相傳，兒童通過遊戲方式或過程在口中傳誦的。現在這一代的小朋友，各人手上一部智能手機或平板電腦，小朋友之間的互動並不太多，他們還會傳唱這些歌謠嗎？

半個多世紀的歲月，悠悠逝去了，這些小時候耳熟能詳的童謠，直到現在，我都沒有忘記。唱着唱着，我又回到了恍如昨日的童年，當年和小朋友們遊玩時的情景，依稀就在眼前……

糊 紙 袋 的 故 事

　　小時候喜歡揝一把豆子塞在口袋裡，然後溜到街上遊逛，邊逛邊慢慢的嚼。那時的街道是碎石子路，我總是邊走邊低着頭，看看石子與石子之間的縫隙裡會不會藏着些什麼好東西。這個習慣不知道讓媽媽生氣了多少回。媽媽説：

　　「走路就走路，要留意四面的車輛，老低着頭不就生意外了嗎？地上哪有什麼寶貝，人家有寶貝都收在家裡，哪會丟在地上給你去撿的？」

　　媽媽説得也是，我們那個年代，物資缺乏，哪有什麼東西可丟棄的？那時雖還沒有「環保」這個名詞，但我們卻是挺環保的。到街市買菜，一條鹹水草把菜呀肉呀紮起來吊在手裡，沒有塑膠袋。買汽水飲品要付兩毫子按瓶費，飲品喝完把瓶子拿回去，然後取回按金，哪有什麼瓶子可丟？到雜貨店打油鹽醬醋，自己帶備瓶瓶罐罐。舀水用的是椰殼水瓢，沒有什麼塑膠用品。衣服破爛到不能再穿了，便用來做抹地布，沒有舊衣回收箱。一家幾口飯菜不夠吃，最後要「美人照鏡」，哪有剩菜剩飯作「廚餘」？外賣熟食，一是自己帶容器把食物盛回來，一是攤檔老闆用雞皮紙袋把食物包好交給你。

　　説到雞皮紙袋，我倒有一個故事要説給你聽。

　　有一年的暑假，我一邊嚼着豆子，一邊與姐姐在街上亂逛，不知逛了多久，沿着新馬路，走到一幢三角形的樓房前停下來。我看到一個四十開外的叔叔，靠在樓房的牆邊擺了個小檔，地上放了一疊疊裁成長方形的啡色雞皮紙，就是爸爸外賣紙袋的那種紙料。看到好些人把糊好的紙袋交回來，隨着又領大疊的紙料回去，我便好奇地上前問那位叔叔是否請人糊紙袋。叔叔的鼻樑上架着副很厚的近視鏡，他點點頭，並取出一個紙袋樣板給我們看，之後便分發給我和姐姐每人一大疊紙料，也沒說工錢多少或什麼時候交回來。我與姐姐各自捧着大疊紙料，便興沖沖地趕忙跑回家去。

　　回到家裡，我們央求外婆給我們煮漿糊，並且把桌上的雜物全部撤走，姐妹倆便開始糊起紙袋來。糊紙袋的工序是：先把一張裁好的長方形紙料兩側向內摺合，在邊上糊上漿糊，使之成為一個圓筒形，之後把底部向上摺成一個方形的袋狀，然後將之糊合，工序並不複雜，一分鐘可以糊上三、四個。我與姐姐開始時還覺得頂好玩的，但糊到三、四十個之後，便感到

沉悶起來。此時忽聽到樓下的玩伴在呼朋引伴，我們便馬上跑到窗口探頭往下望，只見他們仰起頭來不停地向我們招手，我們樂極了，便趕快把桌上的紙料全都塞進了床底下，之後便連跑帶跳地，一溜煙奔下樓玩耍去了。

我們就這樣樂孜孜地昏頭昏腦的玩了十多天，直到有一天外婆問起我們紙袋的事，我們才恍然記起床底下的那些紙袋，便馬上把紙料從床底下統統拿出來，趕忙的摺起來。過了兩三天，紙袋全摺好了，外婆用繩子替我們把糊好了的紙袋都一一綑好，着我們趕快送回去。

我和姐姐提着那些紙袋，穿過爐石塘，奔過新馬路，氣呼呼地直跑到紙袋檔放下來。那位叔叔看了看我們，面上露出不悅之色。他站起來，仔細地把紙袋的數目點算清楚，便從口袋裡掏出一元六角遞給我。我把那點錢捏在手裡，仰頭望着他，問道：

「我還可以再拿些回去嗎？」叔叔推了一下眼鏡，沉着臉直搖頭。那時年紀小，不知道這就叫做「炒魷魚」，只好垂着頭失望地離開了。

童年　憶舊　話澳門

　　事隔半個多世紀，如今追憶起這段往事，那三角形的樓房今天已改建成酒店了，還有那位對我們不再信任的紙袋檔叔叔，如果還在世的話，應該有一百歲了吧？

小小書店和可大文具店

「小小書店」，它的名字就像它的店面一樣，是一間面積細小的小書店，位於板樟堂街。它就在我們從廣州抵達澳門後第一個家的樓下，可是當時年紀小，對它並沒有什麼印象。我們後來搬到草堆橫街，到了讀小學時，因為喜歡到國華戲院看戲，從賣草地街轉入板樟堂，在往國華戲院的路上，必定經過書店的門前。

小小書店是一間經營書籍文具和文化用品的小書店，每年九月初開課，這間小書店都被來買課本的學生擠得水洩不通。它的門前有個小櫥窗，櫥窗裡面展示着些文教用品和流行小說。有一次，從國華戲院看完戲回家，外婆領着我們，經過小小書店門前，外婆就停下來，在它的櫥窗前，瞇着近視眼，把臉湊在櫥窗的玻璃上，俯身細看櫥窗內展示着的一本流行小說，然後高聲唸出它的書名：《大個夢》！我與姐姐頓時笑得合不攏嘴，邊笑着邊對外婆說：

「外婆，是《六個夢》，不是《大個夢》呀！」說完便哈哈大笑。

《六個夢》是一本瓊瑤的暢銷小說，除了《六個夢》，當時

童年 憶舊 話澳門

流行的瓊瑤小說還有《窗外》、《菟絲花》、《煙雨濛濛》、《幾度夕陽紅》、《船》、《寒煙翠》和《紫貝殼》等，這些小說後來都被拍成了電影。

「可大文具店」在距離小小書店不遠的賣草地街。記得小學二、三年級時，在那裡買了一個很精美的筆盒，上面有個畫得很漂亮的日本少女，名字叫做牧美也子。上課的時候，我就會把這個心愛的筆盒放在書桌上，無心聽課時，便望着筆盒上的牧美也子發呆，那時就彷彿看到她在向我微笑地揮手似的。

每年的聖誕節，我都喜歡到可大文具店買聖誕卡。那時的聖誕卡以鋪滿金粉、銀粉的為之漂亮。我最喜歡選聖誕老人坐鹿車送禮物的聖誕卡。

小小書店和可大文具店，都已先後結業。這兩間老牌書店和文具店，今天也只有永遠留在人們的記憶之中了。

典 當 業 與 德 成 按

澳門典當業曾經盛極一時，新馬路上有很多大小當舖，其中最大的有兩間，一間是「德成按」，另一間是「長泰大按」。

當舖為貧苦大眾提供典當服務，缺錢周轉而又借貸無門的人，只好去當舖抵押物件，以應付經濟上的燃眉之急。小時候常見到住在廳堂姓黎的三輪車伕，夏天把棉被拿去當，冬天把棉被贖回來。當他托着棉被回來的時候，他的三個孩子簡直就高興得拍起手來歡呼。他們是一家五口一張棉被。

從爐石塘出新馬路，必定經過座落於兩街交界處的德成按。那時年紀小，經過這幢位於街角的三層高灰色建築物時，只見到店舖正門有個大紅的巨型屏風[1]，在門前經過時，根本看不到店內乾坤，只依稀記得店門外有個相命的小檔。

德成按因為靠近爐石塘，所以又被稱作「爐石塘當舖」，於一九一七年開業，曾經是澳門最大的當舖。其後隨着歷史變遷，典當業式微，德成按於一九九三年宣告結業，傳統當舖成為歷史陳跡。

---

1 屏風：俗稱遮羞板。進出當舖的人自是經濟拮据，由於不是光彩事，便不想讓人看到，從正門進去後，便隱身遮羞板背後。

　　為了保存澳門的歷史文化，澳門特區政府文化局對德成按進行了維修整理，恢復了它的舊觀。二零零三年修復完成的德成按，以「典當業展示館」的面貌對外開放，供市民及遊客參觀。

　　這座澳門現存結構較為完整的當舖建築，分為當樓[2]和貨樓[3]兩部份。展示館內陳列了典當工具、票據和記錄，參觀者從它擺放的四十多件物品如各種印章、當票、帳簿、竹牌等，可以了解到昔日典當業的操作模式和流程。參觀者恍如走進了昔日的澳門當舖，領略到當年澳門典當業全盛時期的風采。

　　德成按，這間在孩童時代只能路過，卻無法進內的大當舖，終於在三十多年後，讓我以遊客的身份登門入內，屏風後的一切，也就不再是個秘密了。

2　當樓：客人典當貨品的地方和當舖辦公的帳房。

3　貨樓：貯存典當物之處。

媽閣廟與拜拜

　　第一次坐公共巴士，是媽媽帶我到媽閣廟[1]去拜神。我們在新馬路上了車，巴士開行時發出隆隆的馬達聲，加上那股難聞的柴油味，令我感到不適而嘔吐。

　　那時我們剛從廣州抵達澳門，媽媽希望我們在這片新土地上的生活能夠安定下來，所以準備了些香燭，帶着我到新馬路坐巴士到媽閣廟去祈福。

　　媽閣廟供奉的是天后娘娘馬祖。那時上媽閣廟的路上，盡是些亂石，媽媽帶着我舉步難行，就說不上去了。她把香燭拿出來，就地插在石縫間跪拜和禱告，一會兒，便帶着我離去了。

　　媽媽每逢大節日都會拜神祭祖。她用一個大圓托盤，上面擺放三杯燒酒，還有雞和生果，先拜門口土地，再拜祖先。當她拜祖先時，便要我幫忙斟酒和奠酒。媽媽會對我說：「阿公最喜歡飲酒，你把酒奠在地上時，要說：『阿公飲多杯啊！』」於是我就照做了。

1　媽閣廟：「媽」粵語變調讀「馬」，即媽祖閣。媽閣廟是俗稱，現為澳門三　大古刹中最古老者。

　　媽媽十分重視每年的七姐誕。七月初七晚上，她會把水果、食品，放在一個大圓托盤上，還要加上一盒胭脂水粉，然後把那個大圓盤托上天台向天跪拜。她說那盒粉拜過七姐後用來抹在臉上，就會變得特別漂亮了。

　　另外一個大節日，叫做盂蘭節，俗稱「鬼節」。媽媽説農曆七月，鬼門關大開。七月一到，外婆就從紙紮舖買回來一大堆金銀衣紙，着我們每天幫忙摺一些；金紙和銀紙要摺成元寶，七彩衣紙要摺成一疋疋的布疋，準備用來燒街衣。

　　燒街衣這段日子，爐石塘街頭晚上火光處處。家家戶戶燒街衣時，都引來了一大群孩子。燒街衣的人在門前或路邊點燭插香，燒金銀衣紙、元寶、冥紙，撒芽菜、豆腐、奠酒。最後撒白飯、花生、龍眼及硬幣，整個燒衣過程才算完結。那些聚集圍觀的孩子要等待的，就是燒街衣的人最後所撒出的硬幣。硬幣一撒出，孩子們便爭相撿拾。

　　盂蘭節還有些禁忌，就是時運低的人要小心，晚上不要出夜街，因為鬼門關大開，有些無主孤魂要找替身……

泳棚和大賽車

　　小時候公眾泳池並不普遍，第一次去游泳，是八、九歲時姐姐帶着我，一起坐巴士到泳棚去，地點就在新口岸。

　　那時的泳棚是臨時性的，是以竹木在岸邊搭成的小棚屋。泳棚兩旁設有樓梯上落，初學區有圍欄，但水深仍是不到地，都是混濁的黃泥水，有時觸及蠔殼還會割腳。那時我們說是游泳，不如說是戲水，穿着個水泡，只懂得在水邊亂踢亂撥。

　　泳棚只去了一兩次，因為有次戲水時把外婆送給我那個刻有「出入平安」四個字的銀手鐲丟掉了，媽媽很生氣，以後便不准我們去泳棚了。

　　樓下祥發印務三父子，就經常去「新花園泳池」游泳，並且經常在那裡參加游泳比賽。在他們的帶領下，我和姐姐也就從泳棚移師到新花園泳池去。祥發的老闆戴先生，也曾擔任過我們的游泳教練，教我們蛙泳。他的兩個兒子，一個擅長游自由式，一個擅長游蛙式。

　　新花園泳池面積寬廣，有可容逾千觀眾的看臺，很多泳賽都在那裡舉行。游泳比賽多在晚上舉行，整個泳池燈火通明，

我與姐姐也常常成為座上客,在觀眾看臺上為戴先生的兩個兒子打氣。

「格蘭披治大賽車」,是澳門一年一度的國際盛事。賽事是在市區鬧市內多彎、狹窄的東望洋跑道上進行的賽車街道賽。我和姐姐沒錢買票到觀眾席的看臺觀賞,就只有和其他人一樣,在賽車沿途路經的山坡上俯瞰賽車盛況。站在山坡上,只見車隊在跑道經過時風馳電掣,引擎的響聲震耳欲聾,觀眾歡呼打氣聲齊響,精彩刺激得很!

比賽是連續兩三天舉行的,冠軍車手大部份都是外國人,罕有地有位名字叫潘炳烈[1]的華人車手,在一九六四年勇奪冠軍,當時聲名大噪。

---

1 潘炳烈:1964 年,潘炳烈駕駛蓮花 23B 賽車贏得第十一屆澳門格蘭披治大賽車,更以 3 分 05 秒 40 創造出新的大會最快圈速記錄。

德星、佛山與大來

　　小時候由澳門過香港，要搭「大船」。當時有三艘大型的港澳客輪穿梭兩地，分別是德星輪、佛山輪和大來輪。當聽到爸媽宣佈我們要過香港時，我的心就涼了半截，因為那意味着我即將要抵受在船上漫長數小時暈船和嘔吐的煎熬了。

　　三艘大船我們都分別坐過，不過我們較喜歡坐德星輪，因為它比較新淨。這些大船停泊在內港碼頭，一上岸很快便到達新馬路。船上座位分為大艙、尾樓、唐餐樓、西餐樓及西餐房等多個等級，而以大艙位的票價最廉宜。為了節省金錢，我們第一次坐的就是大艙。

　　大艙位設在船艙的最低一層，與付運的貨物混雜一起，環境比較差，座位是帆布椅一張，在輪船機房旁邊。整個航程，隆隆的馬達聲和波濤聲交織着，加上機房那股難聞的油渣氣味，令人嘔吐難止，實在難受得很。

　　自此之後，我們就選擇坐唐餐樓。唐餐樓有雙層睡床，大堂之內，睡床行行排列，每行有十格八格床位。男男女女，混在一起，床位連床位，與隔離床位的乘客身體只有一矮板分隔。我最愛睡上格床，因為可以爬高爬低，高高在上往下望。

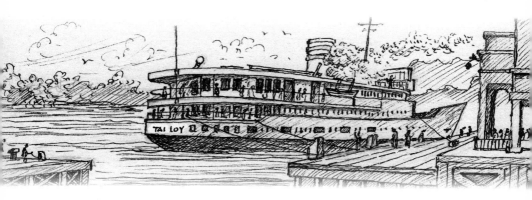

　　船未開行時，有小販在船艙內叫賣手信，如新鮮生果、牛肉乾、豬肉乾、豬油糕、杏仁餅、糖果和螃蟹等。船上有餐廳，也有吃角子老虎機，也有人站在甲板上看風景。

　　那時大船的航程近四小時，後來有船速特快的水翼船來往港澳，航程只需一小時又十五分鐘，大船因而就被稱作「慢船」，水翼船就被稱作「快船」。一九七一年颱風露絲來襲時，佛山輪因為抵受不住強風的吹襲而在海上沉沒。後來噴射船啓航，全程不需一小時，慢速的大船，也就逃不過被淘汰的命運了。

阿 梅

　　阿梅住在我們三樓，我與姐姐讀四、五年級時，她已經讀初中，比我們大三、四年，白皙的皮膚、圓圓的臉蛋兒，嘴角常掛着微笑。阿梅父母在清平直街開旅館，長期在旅館留宿，很少回來。阿梅有個哥哥，我們也甚少見到他，只記得阿梅喜歡稱他做「哥仔」。所以，與阿梅住在一起的，其實只有她的祖母。

　　有一年的暑假，爸爸說我與姐姐倆在家無所事事，整天到街上亂逛，容易學壞，於是買了副麻雀回來，籠統地教了我們一下怎樣打，囑我倆留在家中玩麻雀，不要到街上亂逛。我們雖學會了怎樣上牌、碰牌，卻不懂得怎樣食糊，常常指責對方食錯糊而起爭執。

　　有一次阿梅回家，在門外樓梯聽到我與姐姐倆在爭執，便進來為我們排解糾紛。她很耐心地從頭開始教我們，什麼是筒子、索子、萬子，什麼是風牌（東南西北）、三元牌（中發白）和花牌。她把什麼是開槓、搶槓、槓上花和怎樣做牌、叫糊和計番數，都解釋得清清楚楚。原來阿梅是個麻雀高手，也是個麻雀迷。自此以後，她有空便下樓來，和我們打三腳麻雀，我們邊說笑邊胡鬧，與其說是打麻雀，不如說是玩麻雀來得貼切些，我們與阿梅可以說是因為打麻雀認識而成了朋友。

　　假日，阿梅還帶我們去野餐。我們三個人湊錢買了些野餐食物，阿梅就帶着我們到山上去，在草地上坐下來，打開她的藤籃，把罐頭鳳尾魚、午餐肉和方包拿出來，替我們夾三文治。那是我第一次吃三文治，也是第一次吃到的、最可口的鳳尾魚和午餐肉三文治，同時也是我第一次野餐。我們一面吃三文治、一面談天説笑、欣賞山下的風景，其樂無窮。

　　阿梅快初中畢業時，擔任畢業晚會的一齣歌劇表演，仿照邵氏電影，由凌波、樂蒂主演的《梁山伯與祝英台》，演出一段《十八相送》的黃梅調折子戲，阿梅反串梁山伯。她來我家練習時，拿着把紙扇瀟灑地一揮，唱出一段《遠山含笑》，聲音渾厚、有板有眼，令我着了迷，從此我也愛上了黃梅調。

　　我們一家後來移居香港，阿梅中學畢業後，很快也結了婚，不久也與丈夫移居到香港。一個晴朗的夏日，阿梅來探望我們時，手裡抱着個趣緻可愛、胖嘟嘟的娃娃，帶着個奶瓶，已經是個幸福的少婦了。

我 的 外 祖 母

　　外婆從廣州來澳門時，是六十四歲。有句說話她常掛在嘴邊：「未到六十六，唔好笑人手指曲。」這樣算來，她距離可以笑人手指曲的年齡，就只差兩年而已。

　　外婆說她小時候是有皇帝的。根據她的出生年來推算，她說的皇帝應該是清光緒帝和宣統帝。外婆小時候家境不錯，有機會接受教育，可是她卻常常逃學。她說自己經常提着個書包去打天九[1]，所以字沒認識幾個，但卻能熟背《三字經》和《千字文》，還教會了我們背誦。

　　外婆剛抵澳門，媽媽指派我做小導遊，我就天天帶她到白鴿巢公園去逛。回家的路上，她喜歡到爛鬼樓的路邊咖啡檔，閒坐下來飲杯齋啡，給我就叫杯奶水。星期天的早上，外婆就帶我們到女媧廟旁邊的粥檔吃粥。那裡有檔賣狗仔糊的，檔主用粘米粉和水，用筷子一沾，把粉漿放進開水中，一隻狗仔形狀的粉糰就出來了。一碗煮好的狗仔糊再拌些生菜絲、麻油和清湯，真是其味無窮。回到家裡，我們就央求外婆煮狗仔糊給我們吃，她也如法炮製，但不知何故，弄出來的粉糰就是不像隻狗仔。

1　天九：一種骨牌賭博遊戲。

外婆來澳後，便天天幫忙媽媽做家頭細務、洗衫煮飯，衣服被舖，摺得整整齊齊。吃飯的時候，外婆規定我與姐姐，夾餸要夾自己面前的，不可伸筷子夾到別人那邊，說這叫做「夾餸夾面前」。她又說農夫種米十分辛苦，不許我們在碗裡剩飯。外婆說吃飯時就要專心吃飯，不要邊吃邊談話，這叫做「食不言寢不語」。她還教我們東西從那裡取出來，用完後就要放回那裡，不能亂丟。

外婆走路時喜歡把雙手放在背後腰間，夏天穿一身黑綢衫褲，最喜歡到草堆街買布料給我們做衣服。她先替我們量身，計算需要多少布料，然後就到疋頭店買布。我跟在外婆後面，她與店員說的多少碼、幾寸封，我一點都聽不懂，只等着她叫我過去選自己喜歡的布料。夏天衣服的布料，她最喜歡「的確涼」，因為可以免漿熨。我們家沒有衣車，我們的衣服，是外婆一針一線地親手給我們縫製出來的。我唯一可以幫上忙的，是替她穿針。

農曆歲晚，外婆也為我們炸煎堆和油角。她把麵粉搓好，準備用來炸油角、煎堆。我與姐姐就趁她不注意時，偷偷地拿

她搓好了的麵粉來弄成不同形狀的動物，待她把油角放進滾油中炸時，我們也把這些動物形的麵粉拋進油鑊中，為她添亂。

外婆來澳後不久，聽到人家說東方斜巷上那間「崗頂教堂」有救濟品派，便到教堂去排隊領救濟。那時教會經常給貧窮家庭發救濟品，派發麵粉、牛油、麵包、奶粉和大米，也由於這些教會的樂善好施和無私的贈與，因此解救了當時不少貧窮家庭的困境。

外婆在澳門和我們同住了兩三年後，因為住在香港的三舅父添了個小寶寶，外婆便到香港幫忙照顧孫兒去了。往後的兩年，她都是香港、澳門兩邊走。外婆每次從香港搭大船回來，都會在船上買些手信帶回來給我們。我最愛吃她帶回來的，盒子上有個仙女捧着盤蟠桃果，寫着「三千年開花、三千年結子」的百花魁王母蟠桃[2]涼果。邊吃着，邊看着盒子上另外兩句：「此果祇應天上有，人間那得幾回嘗」，覺得自己在吃着人間仙果，頓時感到幸福無邊。

2　百花魁王母蟠桃：是澳門百年老字號「同益百花魁」所製之涼果，包裝盒正
　　面是一個王母娘娘。

　　外婆每次從香港回來，都只在澳門逗留一兩晚，便又匆匆
乘船返回香港去了。她出門往碼頭的時候，我與姐姐就悄悄地
跟在她後面，直跟她走到新馬路「國際酒店」前的十字路口，
她就回過頭來趕我們回家去。只見她兩手挽着些澳門手信，緩
步向內港碼頭那邊走去。我們目送她漸行漸遠，直至她的背影
消失在人群中……

我 的 母 教

在我的記憶中，媽媽在澳門生活那段時間，一直穿的都是大襟衫[1]，後來移居香港，才時髦一點，改穿洋裝。

媽媽每次帶我出外，都穿着得很整齊。她在一條手帕上灑點花露水，然後把它別在襟邊，搽點粉、抹些胭脂和塗些口紅，在鏡子前左右照一陣，滿意了，才帶着我出外。媽媽認為也應該把我打扮起來，於是在我的小嘴唇上塗些口紅，又把口紅抹在手上搓一搓，然後印上我的兩腮。她把我兩條辮子梳得整整齊齊，還結了兩個漂亮的蝴蝶結。有一次我這個模樣兒引來了一班小朋友圍着取笑我，此後我就不讓她再替我化妝了。

只因外公的一句「女子無才便是德」，媽媽的三個弟弟都上卜卜齋[2]去了，只有媽媽留在家裡沒有讀書的機會。她用自學的方法認了些字，可以寫簡單的書信，並且學會打算盤。結了婚後爸爸開飯店，全憑媽媽打得一手好算盤，把賬目弄得清清楚楚。

---

1 大襟衫：中式女上衣，右邊斜下開襟，鈕扣在襟邊，從民初至上世紀五、六十年代成為女士的日常服飾。

2 卜卜齋：私塾。中國舊時私人開辦的學校，一般只有一個教師。

爸媽在廣州開飯店時，店舖生意客似雲來，到了澳門後就要從零開始。媽媽的身份由老闆娘一變而為工廠女工，後來更幫爸爸在路邊擺檔。媽媽節儉持家，日間忙着為我們洗衫煮飯，又要準備晚上檔口要賣的熟食。她整天在廚房裡忙得滿頭大汗，額上冒着豆大的汗珠，晚上在檔口洗碗煮飯和做伙計，直至深夜十二時，辛勞得很，可是我從來就沒聽過她發出一聲怨言。她挑起個裝滿熟食的擔子，用力起膊時，就唱着：

「唏嗬嗨喲，鬼叫你窮啊，頂硬上啦！」

媽媽說「馬死落地行」，只要有手有腳，就不怕餓死。她又說無論怎麼大的困難，只要咬緊牙關，總會挺得過去的。媽媽還說「螻蟻尚且貪生」，生活無論怎麼苦，也得活下去。

媽媽常常對我說：「那些銀紙呀，撕開來是有血的啊！」那時才四、五歲的我，沒聽懂她話裡的意思，又好奇，所以待她不在家時，拿了她一張銀紙（鈔票），偷偷地把它撕開，可是並沒有見到血，心中十分不解，認為媽媽在騙我。長大以後，才明白她的意思是說，掙錢是要付出血汗的，所以掙回來的鈔票，把它撕開來是有血水的，用來比喻掙錢的艱辛。

媽媽除了會繡花之外，還會織毛衣。她最喜歡到十月初五

童年憶舊話澳門

街那家百貨店去買蜂巢毛冷，認為這牌子的毛冷最暖和，回家後把它解開，叫我舉起雙手，幫忙把毛線捲成球。她把毛線放在一個籃子裡，每天早上與爸爸上茶樓時，一面談天一面織着，爸爸一件深啡色的 V 領套頭毛衣，就這樣織出來了。毛衣穿久了，媽媽就把它拆了又織個新樣子，又成了一件煥然一新的毛衣了。媽媽織的毛衣，既合身又暖和，是名副其實的「溫暖牌」。

媽媽還會摺紙。我和媽媽在爐石塘上看檔時，如果沒什麼客人，她就會拿些紙出來教我摺紙。我最喜歡媽媽給我摺個阿駝駝（駝背公仔），然後摺些枱櫈讓阿駝駝坐上去。

從前爸媽在廣州所開店舖附近的街坊，有些也陸陸續續的到了澳門。他們以前對着媽媽，是老闆娘前老闆娘後的稱呼，現在見到媽媽擺檔在路邊，就背地裡說些閒言閒語。媽媽聽到了，只笑笑說：

「水上扒龍船，岸上有人見。」意謂自己是光明正大地憑勞力謀生，沒什麼需遮掩的，別人閒說些什麼，也不要緊。又說：

「有花自然香，無需東風揚。」意即自己安守本份，做自己該做的事，無需自我標榜，一樣會得到別人的認可。

　　媽媽常說的一句話是：「得人恩果千年記，得人花戴萬年香。」教我要銘記幫助過自己的恩人，有機會就要報答人家，這兩句話，深深的銘刻在我的心頭。她牽着我路經大街小巷，見到路邊有乞丐在行乞，都會打開銀包，拿些硬幣出來，叫我放在乞丐的缽頭裡。她還教我要「施恩莫望報」，施了恩惠給別人，不要期望別人報答，我至今牢牢記住她的這句話。

　　除了無條件的施與，媽媽還培養我節儉和儲蓄的美德。她從營地大街富安瓷號買來了大小兩個圓形平底的瓦錢罌，那時的錢罌是密封的瓦罐，頂上有個可以投錢的長孔，只能放入，無法取出。媽媽每天往自己的大錢罌投入一塊錢，然後把一角錢交給我讓我投進小錢罌。我最喜歡搖着錢罌聽它響噹噹的聲音，到它沉甸甸沒什麼響聲的時候，錢就差不多儲滿了。那時媽媽就會用力把它打破，「砰」的一聲，硬幣散滿地，我那時就興奮得拍着手蹦跳起來。我們把硬幣撿起來仔細地數一遍，便全數存進銀行去。媽媽教我儲蓄，不只是為了錢，而是讓我養成有恆與節儉的好習慣。

　　媽媽從小教我不要貪心去偷別人的東西。

　　「你喜歡什麼，媽媽有錢就買給你；如果沒有錢，就等媽媽儲夠錢了，就會買給你，千萬不要偷別人的東西。」媽媽很嚴肅地對我說。

童年　憶舊　話澳門

「『一次不忠，百次不用。』只要你偷了別人一次東西，以後別人東西不見了，明明不是你偷的，別人也説一定是你偷的了。」媽媽繼續説。

媽媽説別人家的秘密事越少知道越好，而且常教我不要説別人的是非。她説不但不要説別人是非，如果聽到別人在説是非，就要立刻離開，不要聽下去。

「來説是非者，便是是非人。」媽媽説。

媽媽也教我切莫講別人的壞話。

「說人家的好處，不要說人家的壞處。」她說。

「如果那個人真的不好，那麼你說了他的壞話，他不就更加不好了嗎？」她解釋說。

媽媽從來不說長論短，口中從不出惡言，也從不埋怨別人。即使被別人欺侮了，我也從沒見過媽媽和別人理論或爭吵過。

「自己吃點虧無所謂，不要和別人計較。」媽媽就是這麼一個心地善良、忍讓、寬容，凡事推己及人，不計較不生事的傳統女性。

時間已匆匆逝去了五十多年，媽媽今天已活在天國的那一方，可是她從小對我的諄諄教誨，我今生今世都不會忘記。

作者手繪四歲時與母親在新馬路影樓所拍的合照

別了澳門

爸媽在爐石塘開大排檔,生意十分不錯,辛勤工作了八年之後,我們儲蓄了一筆為數不少的積蓄。當初爸爸選擇到澳門,只是將澳門視為落腳點,他的真正計劃,是要到香港去。那時爸媽的積蓄,足夠我們到香港後租舖開飯店,不用擺路邊大排檔了,於是我們就在一九六七年的春天離開澳門,舉家遷往香港定居了。

離開澳門,我最捨不得的,就是培貞學校的修女、師長和同學。離別前,剛好碰上培貞舉辦慈善園遊會籌款,我們每人獲分派了些慈善園遊會的獎券和一個籌款箱,到街上募款。我和同學嘉娜就相約好星期天一起到南灣去賣獎券。

那天清早到嘉娜住處的樓下等她下來的時候,仰頭望見她媽媽和外婆在陽台上笑盈盈地向我搖着手,她們的笑臉在陽光下美得像綻開的薔薇。春風和暖的三月天,我和嘉娜每人提着個籌款箱,手牽着手,在和煦的陽光下,往南灣的方向走去。

我們沿着殷王子大馬路,一直走到澳門商業學校[1]才停下來,就在學校的門前向來往的行人兜售獎券。嘉娜平日很文靜,而

---

1 澳門商業學校:1998 年合併為澳門葡文學校。

童年 憶舊 話澳門

且還有點害羞，沒想到那天她在路邊不停地截住些路過的行人，向他們兜售獎券時，一點也不害羞，結果我們的獎券很快便賣完了。到了慈善園遊會舉行那天，各班在操場上擺設不同的攤位遊戲，媽媽和外婆也來捧場，當天可是熱鬧極了。

在培貞最後一天上課，下課回家時，我與金燕結伴，由花王堂前地漫步經過長樓，一起走過大三巴街。金燕就住在大三巴街的一棟傳統式舊樓。臨別依依，我們就分別在大三巴牌坊旁的大關斜巷巷口。我把一本謄文簿交給金燕，讓她帶回學校交還給國語老師，並囑咐她告訴老師，我已離澳赴港了。那時教國語的廖老師說我的作文寫得不錯，所以特別給我一本謄文簿，囑我把每次發還的作文謄好在本子上，累積起來，明年學校出版校刊時，都會把我這些文章登上去。可是我沒等到這本校刊的出版，便離開學校了。

與我同時間離校赴港的，還有同班同學戴金蘭。金蘭有一雙圓圓的大眼睛，留海短髮，身上的校服有點兒陳舊褪色；她的聲音甜美，對人溫文有禮。金蘭告訴我她的姊姊住在香港，她日內也會到香港，與姊姊共同生活。她還給了我她在香港的地址，大家約好到了香港之後再見面。

　　我和家人在香港安頓下來之後，我就準備依着金蘭給我的地址去找她。不料有一天看到報章報導，有一場大火發生的地點，就是她地址上所寫的那棟大廈。報導說那棟大廈的住客跑到天台上去逃生時，怎料天台的鐵閘竟被鎖上了，這群想逃生的住客，因為逃生無門，結果全部都在鐵閘後被活活燒死了。在死難者名單中，我竟然看到戴金蘭三個字，我當時真是傷心極了。

　　金蘭就這麼走了，但她沒有走出我的記憶。

　　多少年過去了，直到今天，她温婉純良的樣子和甜美的聲音，仍留存在我的記憶深處。我只是想對她說：

　　「金蘭，不是約好了在香港見面的嗎？你怎麼就不守諾言了呢？」

一九六六年十二月三日，澳門發生「一二‧三事件」[2]，那時年僅十一歲的我，無法明瞭那是怎麼一回事，只記得學校停課，政府頒佈戒嚴令，市面情況十分緊張。

一九六七年

作者與家人離開澳門移居香港

---

2 一二 ● 三事件：1966 年 12 月 3 日發生的嚴重警民衝突。

後記：澳門街

　　澳門被稱作「澳門街」，意謂澳門地方像一條街般細小，真是一點不假。小時候，爸爸擺檔、上茶樓，媽媽上街市，我們上學、玩耍，都離不開幾條小街，步行數分鐘便可到達，生活就是這麼簡單。親朋好友往來，也沒有電話可打，只是直接登門造訪，人與人之間的距離竟是如此接近。

　　隨着澳門的經濟轉型，居民過往純樸簡單的生活方式已無法保住。今日澳門賭場處處、大酒店林立，大街小巷擠滿了來自各方的遊客，店舖以售賣手信禮品作招徠。在漫步大街小巷之際，有誰還記得，他們腳底下踩着的，原是當年細碎的石仔路？

　　澳門今天已不再是數十年前的那個純樸的小城，而我這些忘不掉的童年點滴舊事，以及所曾有過的童年歡樂，都只能在無盡的懷念和回憶中追尋了。

鳴謝

本書得以順利完成，謹向以下人士致謝：

培貞同學群組

同善一家群組

盧少貞女士

鄭嘉娜女士

李坤玲女士

劉菊華女士

歐宗智先生

盧志強先生

趙健仁先生

趙詠思小姐

關 於 本 書 插 圖

　　余達明先生現居加拿大亞伯達省愛民頓市，他是我的國畫老師、外子的書法老師，以及小女的素描老師。除了國畫、書法、素描之外，余老師亦擅長油畫和水彩畫，是愛城著名的藝術家和美術教育工作者。

　　當我邀請老師為我的拙作繪畫插圖時，老師的答覆是，他一生涉獵的美術範圍雖廣，但從來未畫過插圖，不過願意為我試試。於是，我打從二零一六年的秋天開始，逢週五晚上到老師家裡，按照文章的內容，把要畫的插圖向老師描述。老師一面聽着，一面用鉛筆作畫稿，待我的故事說完了，老師的畫稿也完成了。

　　於是，悠悠五十多年前的童年記憶，在老師的一枝已塵封多年的鋼筆下，就這樣一幅一幅地被拼湊和繪畫出來。有些插圖是全憑我個人的記憶，把當年的情景拼合重現，有些則是根據些舊照片，把五十多年前的澳門重新繪畫出來。

　　老師以近八十高齡，在目力不繼的情況下，每週耐心地，替我把童年回憶一幅一幅地拼合、繪畫出來。有一天，當老師的鋼筆正在畫紙上沙沙作響之際，他忽然對我說：

「畫了這許多，我對澳門已經產生了深厚的感情，很渴望飛到澳門去看看啊！」

而我給老師的回答是，他所繪畫的，是半個多世紀以前的舊澳門，今天的澳門，已經完全不一樣了。他筆底下所繪畫出的當年的澳門，是再也找不回來了。

時代是進步的，在緬懷過去的同時，我們不得不邁步向前！

感謝老師花了近兩年的時間，完成了這些插圖，為我拙劣的文字添上色彩。

歡迎訂購英文版

Memories of Old Macau: The Story of My Childhood

Written by: Amy Lau

Translated by: Gigi Lam and Dr Wai Man Chan

ISBN: 978-988-8743-71-1

Published by Red Corporation Limited

童年憶舊話澳門

作者：劉全艷
封面設計及插圖：余達明
編輯：青森文化編輯組
設計：4res

出版：紅出版（青森文化）
地址：香港灣仔道 133 號卓凌中心 11 樓
出版計劃查詢電話：(852) 2540 7517
電郵：editor@red-publish.com
網址：http://www.red-publish.com

香港總經銷：聯合新零售（香港）有限公司
台灣總經銷：貿騰發賣股份有限公司
　　　　　地址：新北市中和區立德街 136 號 6 樓
　　　　　電話：(886) 2-8227-5988
　　　　　網址：http://www.namode.com

出版日期：2018 年 9 月 第一版
　　　　　2022 年 7 月 第二版
ISBN：978-988-8437-04-7
上架建議：澳門歷史／散文
定價：港幣 85 元正／新台幣 340 元正